Album
Julien Green

ICONOGRAPHIE
CHOISIE ET COMMENTÉE
PAR JEAN-ÉRIC GREEN
ET LÉGENDÉE PAR JULIEN GREEN

nrf

GALLIMARD

AVERTISSEMENT

Voici une biographie courte, mais complète, ne présentant que des faits. Il ne pouvait s'agir d'expliquer l'œuvre, mais seulement d'en montrer la diversité par des images, et, à travers les portraits d'ancêtres, de révéler les traits irréductibles de toute une race qui, avec la patience du temps, produit l'enfant la résumant et la représentant le mieux.

D'autre part, il était difficile d'omettre tout à fait mon nom. Les liens de parenté et le fait d'écrire ce texte ne pouvaient que me gêner ; aussi ai-je délibérément choisi d'être impersonnel, puisque je ne pouvais sans trahir l'affection que j'ai pour mon père me passer tout à fait sous silence.

Bien d'autres choses eussent été à mentionner, il faut laisser place à l'imagination, et puis toute vie privée n'a-t-elle pas droit à sa zone de silence ?

Jean-Éric Green

P.S.   Et merci à Julien Green pour avoir enrichi le présent volume de nombreuses photographies prises par lui tout au long de sa vie.

REMERCIEMENTS

Je tiens à remercier ceux qui m'ont aidé à trouver certains documents et les autorisations qui m'ont été accordées. Tout spécialement,

The Alderman Library and the Board of Visitors, University of Virginia, Charlottesville, Va. ; The Virginia Department of Historic Resources, Richmond, Va. ; The Carlisle Barracks, US Army Military History Institute, Carlisle, Pen. ; The Georgia Historical Society, Savannah, Ga. ; The Peabody-Essex Museum, Salem, Mass. ; Mr. Robert O'Neill, librarian of the John J. Burns Library ; The Library of The Boston Atheneum ; et Mr. John B. Atteberry, senior reference Librarian, Boston College, Mass. ;

et, tout aussi chaleureusement,

Mesdames Catherine Camus, Catherine Gide et Maria-T. Robredo et Messieurs Olivier Amiot, Merlin Holland dont l'amitié m'honore, Léonard Keigel, Stéphane Hessel, Jean Mauriac, Edward Green et le général Ted Green.

Suivant le conseil de La Bruyère « *vous voulez dire : Il pleut ; dites : Il pleut* », je dirai simplement *Merci* à ceux qui ont travaillé pour moi et avec moi à ce livre. Cependant, ils se sont montrés non seulement efficaces, mais attentifs, ce qui ne va pas toujours ensemble. Alors ce sera un grand et gros merci : d'abord pour sa courtoisie et son obligeance à Jean-Pierre Dauphin ; à Dominique Jochaud pour son

« œil » et sa gentillesse ; et à Alban Cerisier, précis, rapide et intuitif. Un merci d'autant plus vif que j'ai la réputation d'être un *sauvage* et que certains vont jusqu'à prononcer le terme de *monstre*. J'espère ne pas avoir été *ça* pour eux, si ce n'est d'intelligences au pluriel, au pluriel !

De ma collection personnelle, j'aurais voulu donner certains documents *rares* sur ceux qui ont été des phares pour mon père, de Baudelaire à Novalis ou Tolstoï entre autres, mais c'était donner des proportions trop vastes à cet *Album* et ce sera pour un autre livre.

Enfin, *last but not least*, tous nous avons été heureux que Julien Green ait pris part à ce palimpseste de sa vie en déroulant des phrases comme des souvenirs dans ce que nous appelons des légendes, et qui pour lui ont la couleur de la vérité.

J.-É. G.

« *J'avais 19 ans, je partais découvrir mon Amérique, le Sud de mes parents, je ne savais pas encore que le journal que j'emportais avec moi couvrirait toute ma vie.* »

Le Petit Journal

SUPPLÉMENT ILLUSTRÉ

Huit pages : CINQ centimes

DIMANCHE 9 SEPTEMBRE 1900

ÉVÉNEMENTS DE CHINE
Les légations délivrées

Pages précédentes :

1. « *De magnifiques allées conduisaient à ces maisons à colonnes où la vie s'endormait.* » Allée de plantations en 1919.

2. Julien Green à Rome en 1919.
Nous avons uniformisé, dans les légendes, en Julien le prénom de *Julian Green*, bien que ce ne soit qu'en 1924, sur le conseil de Gaston Gallimard, qu'il l'ait francisé.

3. « *Je suis né la semaine où l'expédition franco-anglaise libérait les légations européennes assiégées depuis 55 jours à Pékin par les Boxers.* » Page de couverture du Supplément illustré du *Petit Journal,* 9 septembre 1900.

4. « *4 ans en corsaire. J'allais à l'abordage du monde, dont mon* Moi-*inconnu faisait partie. Je serai le Corsaire du Rêve.* » Julien Green en 1904.

Ce petit garçon, qui est-il, d'où vient-il, où va-t-il ? A-t-il déjà le sentiment d'être pétri de souvenirs ? « *J'ai l'impression,* écrira-t-il plus tard, *qu'à travers moi l'humanité entière passe comme sur une grand'route... J'existais le jour où pour la première fois elle a levé les yeux vers les nuages, je serai en elle jusqu'à la fin, s'il y a une fin. Je ne puis mourir. Son cœur est le mien, et ce cœur ne fait que commencer à battre. Ce que j'appelle vivre n'est pas autre chose que la conscience que l'humanité a d'elle-même...* »

Et pourtant Julian Green n'a guère de goût pour les généalogies, alliances, parentés, histoires de famille. Pour lui « *tous les squelettes finissent par se ressembler* ». Sa famille, cependant,

n'est pas de tout repos et lui-même recèle tant de désirs inexplicables qu'il ne pourra finalement s'en débarrasser qu'en créant des personnages, en s'inventant en quelque sorte une descendance nouvelle.

À cinq ans, il plonge sur le monde un regard d'admiration et d'étonnement comme s'il comprenait déjà que le rêve et la réalité sont à la fois incompatibles et indissociables.

Le caractère, c'est la destinée, et le caractère est le précipité de toute l'alchimie du sang d'une famille. Né à Paris, Julian Green est américain de souche anglaise.

Par son père il descend, du côté paternel, de corsaires et d'architectes gallois, et de voleurs de chevaux du côté maternel, mais voler des chevaux au Moyen Âge sur les confins de l'Angleterre est un titre, surtout pour un Douglas, clan dont on préfère ne pas parler dans certaines régions d'Écosse, où il est surnommé *The black Douglas*.

Remontons plus haut. Les Green sont originaires du Pays de Galles et de Halesowen dans le Shropshire. Le trisaïeul était corsaire et son fils le fut aussi. Ce dernier, Joshua Green, *« grand-père pirate »*, reçut titres, écussons et devise de George II, pour avoir, avec son rapide *Brittomart*, poursuivi, arraisonné et coulé maints bateaux espagnols et français. Il les envoyait allègrement par le fond, mais gardait la plus exquise politesse en priant ses prisonniers de lui faire *« la grâce d'avancer »*, c'est-à-dire de

5. « *Liverpool. Des arrière-arrière-grands-parents étaient enterrés dans l'Old Scotch Church, mais je ne me suis jamais intéressé de près aux squelettes. Morts, ils se ressemblent tous.* » Docks de Liverpool. Gravure de Frederic Hay et Harwood.

marcher sur une planche au-dessus des flots où la pointe d'un sabre d'abordage les enverrait voir ce qui se passait chez les requins. En reconnaissance, le roi lui offrit un lion tenant un rameau d'olivier pour armoiries, avec *Semper virens* pour devise. En somme, de l'ironie considérée comme un des beaux-arts.

Cette façon de pousser ses hôtes involontaires à la mer a-t-elle fait germer plus tard chez son arrière-arrière-petit-fils la cruauté de certaines situations, par exemple Adrienne Mesurat poussant son père dans l'escalier ou le duel de *Sud* ?

Son fils, Josiah Green, épousa Mary Jones, fille d'un architecte gallois qui travailla notamment à restaurer la cathédrale de Cardiff. Ils avaient cinq enfants et le cadet de leurs garçons, Charles, né en 1807 à Halesowen, fut envoyé en Amérique à vingt-six ans, car le patrimoine devait toujours rester à l'aîné. Deux dollars en poche, une recommandation, et le voilà en mer à destination de Charleston pour faire sa vie et sa fortune. Pas de sensiblerie en ce temps-là. De ces deux dollars, l'un passa dans la main d'un mendiant sur le quai même de débarquement. Et, dans les récits de la famille, le second fructifia aussitôt pour atteindre la fortune. Mais cela est révoqué en doute par la lettre de son père envoyée de Liverpool, deux ans et demi plus tard, après des déboires et une demande urgente de fonds nouveaux.

« Liverpool, 29 mai 1836.
Mon Cher Charles,
Enfin Bouncer junior est à bord de l'Enchanteresse *en route pour Charleston, aux bons soins de Mr Dewar à qui j'ai écrit à ce sujet, le priant de te le faire suivre à la première occasion favorable, et je désire qu'il t'arrive sain et sauf, car ça a été un*

6. «Les docks de Savannah, tels que les connut mon grand-père.» Gravure de Harley, 1849.

drôle de trouble-fête depuis ton départ, il a fini par échapper au lad qui s'occupait de lui et c'est par la plus grande chance que nous l'avons retrouvé.

Ta lettre du 8 avril de Savannah était plus que bienvenue, bien qu'elle présentât tes finances dans un état déplorable ; certes j'ai bon cœur comme je sais que tu as du cran et je crois ferme que Savannah est le lieu choisi pour toi pour le meilleur ou le pire. Et quoique je sache fort bien que toutes les affaires d'argent s'accompagnent d'une grande marge de spéculations, il y a une large différence entre courir un beau risque et la résolution de tenter le tout pour le tout, et sur une grande échelle, comme si c'était un coup de poker sans queue ni tête. Maintenant, mon cher Charles, tu dois voir clairement que quelles que soient les capacités d'un homme, s'il pense faire sa fortune

7

7. « À l'intérieur, une des premières salles de bains modernes, des statues, des tableaux. William Russell du Times fut ébloui par le luxe. » Maison Tudor de Charles Green : la porte d'entrée en 1880.

8. Maison Tudor de Charles Green à Savannah en 1920.

de force, de façon orageuse, sans patience et à l'aide de je ne sais quelle industrie, il pourra être misérablement déçu et peut-être à jamais… »

Suivent considérations sur les moyens d'agir, conseils et encouragements, accompagnés pourtant de quoi nourrir l'impossible Bouncer, un setter irlandais, et d'un crédit, annoncé comme le dernier. La leçon porta : Charles Green s'associa avec un jeune héritier, Andrew Low, et ils devinrent beaux-frères. Savannah se remettait de deux catastrophes, le feu et le choléra. En peu d'années, la ville redevint un des grands ports du Sud et les plus célèbres architectes rebâtirent les demeures ruinées. Charles Green

8

« *Bâtie avec des briques anglaises. Tout, des boiseries à la vaisselle, venait de là-bas, l'Angleterre. John Norris, l'architecte, était l'un des plus doués et des plus brillants d'Amérique.* »

9

10

tenait de sa lignée maternelle le goût de l'architecture et devait d'ailleurs bâtir toute sa vie. Il fit alors construire sa maison de Savannah par John S. Norris, un des jeunes et brillants architectes de New York. Les briques et tous les matériaux venaient d'Angleterre, sans doute pour prouver à Josiah Green que ses conseils avaient été suivis, mais que la fortune avait été plus rapide qu'eux. Ainsi s'éleva une maison Tudor, la première d'Amérique, insolite, au milieu des magnolias et des bananiers, mais avec le tout dernier confort, car ce fut une des premières maisons privées dont chaque chambre avait sa salle de bains. Il reçut tous les voyageurs d'Angleterre, notamment Thackeray, Dickens, le journaliste William Russell, du *Times*, et donna des soirées où se produisirent la Patti et le célèbre contrebassiste Bottesini. Charles Green faisait partie de ceux que Thackeray devait appeler « *the tremendous men* », les formidables personnages du Sud.

Vint la guerre de Sécession. Anglais, Charles Green fut sudiste comme beaucoup d'Anglais à cette époque, comme Gladstone et Lord Lyons. Avec ses moyens considérables, il commanda armes et vêtements militaires, participa à la construction de bateaux de guerre à Liverpool pour le compte du Sud, et fut arrêté sur la route du retour, à la frontière canadienne, par les Nordistes qui le soupçonnaient de trafic d'armes et l'emprisonnèrent à Fort Warren, dans le port de Boston. Il dut à l'ambassadeur d'Angleterre, Lord Lyons, son élargissement après quatre mois de forteresse, car l'Angleterre ne badinait pas avec la liberté de ses sujets. Relâché, il empêcha la destruction de Savannah dans la marche de Sherman à travers la Georgie en offrant, en tant qu'Anglais, sa demeure au général, pour épargner à ses amis du Sud la réquisition de leurs maisons. Des rapports orageux s'établirent entre eux, mais plus tard la mère de Julian Green eut pour proche amie la fille de Sherman, et ce dernier devait rendre hommage au caractère de son hôte.

La guerre finie, Charles Green contribua à relever les États du Sud, sa fortune ayant été judicieusement mise à l'abri à New York même. Il créa des banques et reprit ses affaires d'exportation vers l'Europe. Il fut marié trois fois. À la mort de sa pre-

Fort Warren Boston Harbor . 13 Dec: 1861

Dear Heart !
                    On the day after I wrote my last I rec'd
yours of 17th Nov: and yesterday that of 4th Dec: which was early this
short. In your next speak fully as possible upon family and farm
subjects. Where is Dr : Uncle & wife and family, and aunties and
family spend the winter ? Where is my little friend at the Springs
Set, and how her husband joined her ? Simmons says the Savannah
families are all leaving for the up-country. is this so ? what of
Dr Screven ? what about the Savannah servants ? what of the Virginia servants ? of Mr Pugh and our dear little Church and neighbors ?
— about your corn crop ? prospects for ports - ice - and groceries ?

I think Sister Mary should have no servants on hire after times
and should just hint if she declines any longer your invitation to live
at the Lawn — my love to her . Can you not send me a card Photograph of the Baby ? We hear Upper Hampton is sickly . Is it so ?

Tell me about your neighbors — about the children and their studies
- do you get Charleston paper I ordered for you ? And Jem bring up
dear Annie's doll .... ? and how did you like the knickerbockers suits
for the boys ? Annie's stockings and Mr Winnett's Mathematical Instruments
are with Mr Fisher .   I continue in fine health and if I could
hear from you once a week should be as happy, as I can be any-
where away from you, my own dear dear love . The Trent Com-
missioners " are in the next room and we dine & we with them and
they with us on every alternate evening . I wish you could brew
for us sometimes !   Two or three months may yet elapse before
my release is considered . Meanwhile take up your heart my own
'ney - Send love to all . as well as to Jem and Beck when you
write .   affectionately ever yours
                                        Charles Green
To Mrs Lucy Green

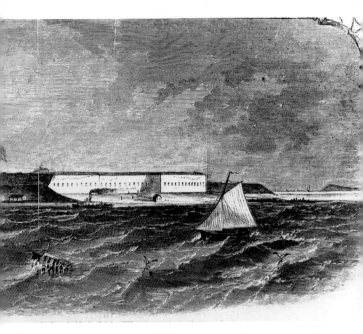

« *Fort Warren. Mon grand-père y fut retenu comme espion. Il fallut que l'ambassadeur d'Angleterre montrât les dents pour qu'il fût relâché.* »

11. « *Lettre à sa femme. Il faut lire entre les lignes pour comprendre le message caché. Ce que j'ai fait dans Dixie.* » Lettre de Charles Green, 13 décembre 1861.

12. Vue de Fort Warren, gravure.

13. « *Sherman rendit hommage à Charles Green, après la guerre ; ils avaient eu de nombreuses discussions orageuses qui se terminèrent par la coupure de la maison : Sherman en bas, mon grand-père au premier.* » Réception de Sherman dans la maison de Charles Green. Gravure de Th. R. Davis, 1865.

14

15

16

mière femme qui lui laissait trois enfants, il choisit une nouvelle épouse dans la *gentry*, Miss Lucy D. Hunton, dont le père, Thomas Hunton, descendant d'un des signataires du *Bill of rights*, avait été tué à vingt-trois ans dans une partie de chasse, doux euphémisme pour un duel. Nous retrouverons dans *Les Pays lointains* ce genre de distractions. La mère de la nouvelle épouse était une Douglas et sa grand-mère, Amelia Douglas, avait été empoisonnée par une cuisinière noire, car elle avait oublié dans les cadeaux rapportés de Washington le jupon rouge que celle-ci convoitait.

De Lucy, Charles Green eut sept enfants : quatre garçons et trois filles ; ses parentés devaient l'allier à nombre d'officiers et généraux du Sud, de Sorrel à MacKall, de Lee à Beauregard, et aux plus anciennes familles, les Routledge, Williams, Moxley et Washington. De l'arrière-grand-mère de Lucy descendait Julia Dent qui épousa le général Grant, futur président des États-Unis.

Le second fils de ce second mariage, Edward, fut son préféré. Il faisait ses études à Hampden-Sidney, collège des plus huppés, lorsque Lucy Green mourut. Edward avait quatorze ans. C'est au même âge que son fils Julian connaîtra un chagrin pareil. Lorsque Charles Green se maria pour la troisième fois, la nouvelle venue désira éloigner ses beaux-fils qui furent envoyés en Europe. Pour Edward, on

14. «*Aminta Douglas, du célèbre clan écossais, une de mes trisaïeules.*» Photo sur collodion.

15. «*Ann Dent Douglas Hunton, mon arrière-grand-mère, liaison entre Nord et Sud, puisque petite cousine du général Grant.*»

16. «The Grove *où naquit mon père. Laissé à l'abandon par une cousine Washington, cette photo de 1980 est aujourd'hui celle d'un fantôme.*»

17

choisit un collège dirigé par les
Bénédictins, à Feldkirch dans le
Vorarlberg autrichien. Là, il lui fut
prédit que, jeune protestant, il devien-
drait un jour catholique.

En 1870, Charles Green qui s'en-
nuyait de son fils vint le chercher
pour l'emmener faire *le grand tour* en
Europe, méthode d'éducation sans
égale des héritiers de bonne famille.
À Paris, ils descendirent dans le

17. « *Place de la Concorde on
s'engageait pour l'armée de Fai-
dherbe et de Chanzy.* »

18. « *Cette "note" de Papa à
8 ans fut retrouvée au* Lawn *des
années après la guerre avec
d'autres papiers enfouis dans une
caisse sous un arbre.* » 1862.

19. « *Le* Lawn *à l'époque
de mon grand-père.* » Daguerréotype, 1860.

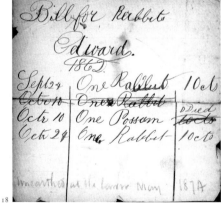

18

célèbre *Hôtel Meurice*, rue de Rivoli, mais, la guerre déclarée à l'Allemagne, la France fut envahie en peu de temps. Il y eut un appel aux volontaires. Place de la Concorde, des bureaux de recrutement pour l'armée de Chanzy étaient installés sous les statues de Rouen et de Strasbourg. Edward y courut avec un camarade américain ; il se souvenait de la guerre de Sécession, il avait à peine huit ans à la première bataille de Manassas, juste neuf à la seconde, et ces deux victoires du Sud s'étaient déroulées à quelques miles des deux maisons de famille en Virginie, *The Grove* où il était né et *The Lawn*, surtout du *Lawn* où jusqu'en 1922, quand la maison brûla, on pouvait voir l'impact des balles dans les colonnes de la véranda. Sur la propriété même, Edward avait été pour-

19

20

21

suivi par des éclaireurs du Nord, comme il revenait de porter un message de son père au général Jeb Stuart. À Paris, en 1870, Edward fut rattrapé de justesse par Charles Green qui, pour empêcher toute nouvelle tentative, l'emmena aussitôt en Suisse et en Italie. Le camarade qui s'était, lui, engagé fut tué à Bapaume.

Edward finit son apprentissage des affaires en dirigeant les bureaux d'exportation de coton du Sud en Espagne, à Barcelone, où il menait, de l'opéra aux ramblas, la joyeuse vie de la jeunesse dorée ; de retour à Savannah, sous l'uniforme des Hussards de Georgie en garnison à Fort Pulaski, il tomba amoureux de Mary Adelaïde C. Hartridge, une des *belles* du Sud qui faisait tourner bien des têtes, comme on le remarque si on feuillette son carnet de bal. D'une famille de treize enfants n'avaient survécu qu'une fille et trois garçons. À la mort de leur père, leur oncle Alfred s'empara des biens de ses neveux et les dilapida gaiement. Mary Adelaïde devait faire patienter son soupirant une année entière avant de découvrir qu'il était celui auquel elle tenait le plus au monde après son père Julian Hartridge ; cela ressemblait fort à un roman d'amour avec juste ce qu'il fallait d'obstacles pour faire battre le cœur. Charles Green offrit aux jeunes mariés sa maison Tudor, mais Julian Hartridge mourut subitement avant les noces. Juriste,

20. « La maison où est née ma mère. Le jeune architecte anglais s'inspira des demeures de Charleston. »

21. « Le Cotton-Exchange où se faisaient les fortunes avec l'Europe. »

22. Daguerréotype, 1868.

22

« Mon père à Hampden-Sidney, son collège. Bon compagnon, il était adoré par ses amis et les garda toute sa vie, même ruiné. »

23.

23. Mary Adelaïde
Hartridge à seize ans.

« L'air fier à 16 ans, mais un cœur et
un esprit qui lui valaient une cohorte
d'admirateurs. »

24

24. Edward Green à Paris
en 1871.

« *Rattrapé de justesse par son père, il
eut toujours une "guerre rentrée" au
cœur.* »

25. « Mes ancêtres Hartridge faisaient toujours le mauvais choix, mais qu'importe les vainqueurs, ils choisissaient peut-être leur camp sur des critères de beauté... » Monmouth, fils naturel de Charles II.

26. Bonnie Prince Charlie, le jeune Prétendant Charles Edouard Stuart.

25

26

1. « *Drapeaux du Sud. Je les ai dessinés pour Maman en 1913.* » Dessin de Julien Green.

2

3

4

2. « *Joshua Green, grand-père "pirate". Courtois et intraitable. Seuls mes personnages peuvent dire si je tiens vraiment de lui.* » Huile sur toile de John Opie en 1789.

3. « *Bataille sur mer... au large de la Floride.* »

4. « *Le lion de la famille. Donné par George II pour services rendus avec la devise qui s'accordait à notre nom: "Semper virens". Les services rendus, c'étaient les bateaux français et espagnols envoyés par le fond.* » Aquarelle d'Olivier Amiot d'après un document ancien.

5. « *Josiah Green. Il avait épousé la fille d'un architecte gallois, d'où la passion de bâtir de mon grand-père, son dernier fils.* » Huile sur toile de Thomas Phillips.

5

6. « *Dans les années trente du XIXᵉ siècle, Savannah renaissait, après choléra et incendie. Des deux dollars qu'il avait en poche – mais il avait émigré avec garde-robes et meubles – mon grand-père de vingt-trois ans tira banques, chemins de fer, coton et bateaux pour le transporter vers Liverpool.* » Savannah en 1837 par Firmin Cerveau.

7. « *Après six mois en Georgie, il envoya une demande de fonds urgents. Son père lui répondit par de sages conseils, mais se laissa attendrir pour Bouncer, l'épagneul chéri. La leçon porta, mon grand-père saisit la fortune par les cheveux et ne la lâcha plus, on sait qu'elle est chauve par derrière.* » Lettre de Josiah Green à son fils Charles, 29 mai 1836.

6

7

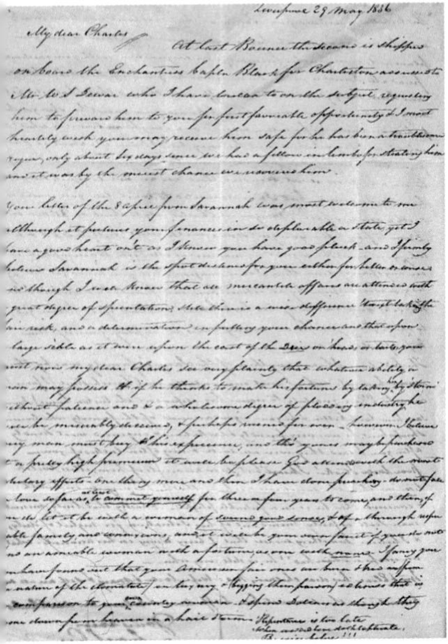

Liverpool 29 May 1836

My dear Charles

At last Bonner the second is shipped on board the Enchantress Captn Black for Charleston consigned to Mr W I Dewar who I have written to on the subject requesting him to forward him to you per first favorable opportunity & I most heartily wish you may receive him safe for he has been a troublesome rogue, only about six days since we had a fellow in limbo for stealing him and it was by the merest chance we recovered him.

8

8. « *Le Cimetière Colonial. Sous ces arbres, on marchait ailleurs. Ce lieu d'assassinats élégants respirait la paix. On y enterrait sur place les duellistes.* » Savannah.

9

10

11

9. « *Liverpool en 1876* » par Atkinson Grimshaw.

10. « *Lucy Hunton Green. Mon père adorait sa mère et la perdit à 14 ans, comme moi Maman.* » Miniature en couleurs.

11. « *Au moment de mourir, il réclama son Schillelagh, sa canne écossaise, pour aller au Paradis.* » Charles Green (1809-1881) en 1880.

12. « *C'est l'église de Greenwich rebâtie par mon grand-père non loin du Lawn. Il y est enterré.* »

13. « *Partout dans le Sud, les mêmes scènes autour du King Cotton.* » Edgar Degas, *Bureau de coton à La Nouvelle-Orléans.*

12

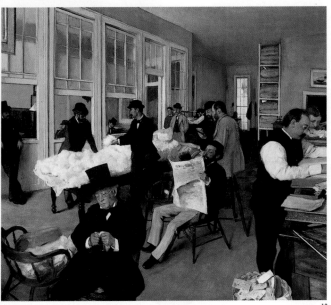

14

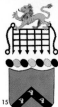

15

homme de loi et politicien dont la tête était mise à prix, il avait dû se réfugier au Mexique à la fin de la guerre de Sécession, et, après l'amnistie, était devenu un des membres influents du Congrès, représentant la Georgie. Il disparut à cinquante ans à peine, pendant la session parlementaire où il allait être choisi comme secrétaire d'État par le Président Hayes en difficulté. À Washington, ses collègues du Nord et du Sud, démocrates et républicains, à l'unanimité, lui rendirent hommage.

La famille Hartridge était originaire de Maidstone dans le Kent et de Castle Leeds où elle était apparentée aux Douglas d'Écosse, mais moins brillamment que les Green. Leur nom venait d'un de leurs domaines, *Aert Redge*, « la crête aux Cerfs » en danois. Leurs armes, une herse baissée surmontée d'un lion regardant, venaient de ce qu'ils avaient protégé un roi saxon dans sa fuite. Ils faisaient partie de ces Anglais qui, à plusieurs reprises, furent forcés de fuir le royaume pour avoir choisi la mauvaise cause. Un ancêtre direct de Julian Green, William Hartridge, époux de Mary de Witt, prit le parti de Monmouth contre son oncle, le catholique Jacques II, qui, son beau-neveu une fois pris, le fit décapiter sans pitié et exila ses principaux partisans en Virginie et aux Barbades. Rentré d'exil, un autre ancêtre, John Hartridge senior, se battit pour Bonnie Prince Charlie, le jeune pré-

14. « *Je ne sais pas grand-chose de cet arrière-grand-père mort à 23 ans en duel, on disait dans la famille "d'apoplexie après une chasse au renard". Délicat euphémisme ! Sa famille comptait des signataires de notre Indépendance.* » Thomas Hunton, arrière-grand-père de Julien Green, par Charles Wilson Peale.

15. « *La grille fut donnée par un roi saxon pour avoir abaissé le pont-levis d'Aert-Redge devant ses poursuivants.* » Armoiries des Hartridge. Aquarelle d'Olivier Amiot d'après un document ancien.

tendant catholique, contre le roi protestant, et dut gagner précipitamment le Maryland après la défaite des Écossais à Culloden. Un autre trisaïeul, Schick, autrichien de Salzburg, devenu protestant, fut chassé par Colloredo, « l'évêque de Mozart », et s'établit à Savannah dans le petit commerce. Les Hartridge feignirent d'ignorer cette branche déchue. Il est étonnant de voir que dans cette famille paternelle de la mère de Julian Green, il y eut des corsaires comme chez les Green : les Cowell, les Davidson, d'origine norvégienne, les Strong dont le favori du Régent, Henry Strong, admirait fort les jeunes gens.

Julian Hartridge avait épousé Mary Marshall Charlton. La famille Charlton comptait de son côté nombre de beaux personnages. L'arrière-grand-père de Julian Green, Robert Charlton, était juge à Savannah. Il publia un livre de poèmes à Boston en 1842 et quelques-uns des titres montrent bien des points de rencontre avec Edgar Poe : « Le Jugement des morts », « La Rose sur la tombe », « L'Amant repoussé », « Le Chant du fou », « Le Lit de mort de l'assassin ». Son grand-père à lui était commissaire de la Paix en 1775, et son trisaïeul commandait les troupes du Maryland en 1746.

Quand il mourut en 1880, Charles Green laissait une fortune considérable à ses nombreux enfants, et tout spécialement à Edward les affaires

27

POEMS,
BY
ROBERT M. CHARLTON,
AND
THOMAS J. CHARLTON, M. D.
WITH AN
APPENDIX,
CONTAINING THE
EULOGY ON DOCTOR CUMMING,
AND A
HISTORICAL LECTURE ON SERGEANT JASPER.
BY ROBERT M. CHARLTON.

"Dulce! laborumque olim!"

SECOND EDITION, WITH ALTERATIONS AND ADDITIONS.

BOSTON:
OTIS, BROADERS & COMPANY.
1842.

28

auxquelles il tenait le plus, les comptoirs de Savannah et les Champney Islands, dans l'embouchure de l'Altamaha River. C'est alors que la lettre de Josiah Green eût été bienvenue à son petit-fils, car Edward était possédé par le démon de la spéculation : en quelques années ce dernier le ruina. D'où la nécessité pour Edward d'accepter une situation de salarié dans l'une de ses anciennes affaires.

À Savannah, Edward et Mary Adelaïde eurent cinq enfants, Eleanor en 1880, Mary en 1883, Charles en 1885, Edward en 1888 (le petit Ned qui mourut avant d'atteindre deux ans) et Anne en 1891. Vint la débâcle financière, il fallut vendre la maison Tudor et partir pour l'Europe où un poste lui était offert. Au Havre, d'abord. Deux filles naquirent, Retta en 1894, Lucy en 1895. Là, Mary Adelaïde vécut un drame. Son frère le plus aimé, William, lui fut envoyé de Savannah ; ce beau garçon de dix-huit

27. *« Juge et poëte, ça semble une gageure. »* Robert Charlton par Washington Allston.

28. *« Son livre de poèmes dans la veine de Poe. »* Poems by Robert M. Charlton, page de titre.

29. *« Ma grand-mère maternelle n'aimait que les livres pleins d'exclamations et le chocolat. »* Mary Marshall Charlton Hartridge.

30. *« Julian Hartridge, mon grand-père maternel dont je porte le nom, mourut subitement à Washington à 49 ans alors qu'il allait être nommé secrétaire d'État. »* Memorial Addresses on the Life and Character of Julian Hartridge.

31

31. « Mon oncle William, le frère bien-aimé de ma mère, mort à 19 ans. Pour elle, je le remplaçais et aussi le petit Ned qu'elle avait perdu à deux ans. Elle reportait sur moi le surcroît d'amour. Je le lui rendais de tout mon cœur. » William Hartridge.

32. Plan des Champneys Islands, Georgie.

ans avait, croyait la famille, besoin de changer d'air, car il semblait atteint de langueur. Sa sœur découvrit que c'était sans espoir : à quinze ans il avait attrapé la syphilis d'une jeune Noire. Il mourut à son retour en Amérique. Cela expliquera plus tard la vigilance inquiète de Mary Adelaïde pour son dernier-né. Enfin, le 6 septembre 1900, vint au monde à Paris le petit dernier, Julian Hartridge Green. Il naquit au 4, rue Ruhmkorff, près des Ternes, et la naissance fut déclarée à l'ambassade et à la mairie du XVIIe. Baptisé à Christ Church de Neuilly, église protestante épiscopale, il eut Agnès Farley, catholique et romancière, comme marraine : déjà commençait pour l'enfant une double vie, même sur le plan spirituel. Cette

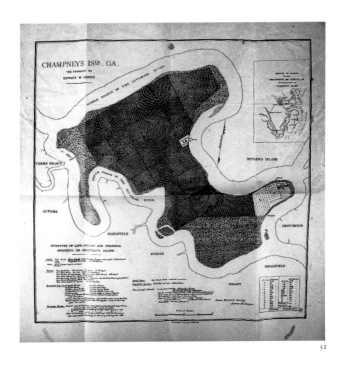

« Tout ce que mon père me laissa plus tard, avec sa montre, et que rêveur je n'ai pas réclamé. L'île appartiendrait de ce fait, me dit-on, à l'armée américaine. Il y aurait des schistes bitumeux ! »

33

33. « *Mes parents se marièrent à* Christ Church, *l'église où prêcha Wesley.* » Edward M. Green.

34. Mary Adelaïde Hartridge Green.

naissance sembla coïncider avec un changement de fortune pour la famille. Edward, secrétaire général de la Chambre de commerce américaine de Paris, fut choisi cette année-là comme président de la *Southern Cotton Oil Company* pour l'Europe et la Turquie. Cependant, il devait continuer à régler ses dettes, et ses comptes ne furent apurés que dans les dernières années de sa vie.

34

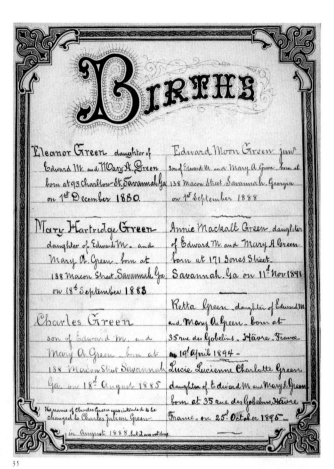

BIRTHS

Eleanor Green daughter of Edward M. and Mary A. Green born at 93 Charlton St. Savannah Ga on 1st December 1880.

Mary Hartridge Green daughter of Edward M. and Mary A. Green born at 138 Macon Street Savannah Ga on 18th September 1883

Charles Green son of Edward M. and Mary A. Green born at 138 Macon Street Savannah Ga. on 18th August 1885

The name of Charles Green was intended to be changed to Charles Julian Green in August 1888 but it was not done

Edward Moon Green junr son of Edward M. and Mary A Green born at 138 Macon Street Savannah Georgia on 1st September 1888

Annie Mackall Green daughter of Edward M. and Mary A Green born at 171 Jones Street Savannah Ga on 11th Nov 1891

Retta Green daughter of Edward M. and Mary A Green born at 35 rue des Gobelins - Havre - France on 19th April 1894 -

Lucie Lucienne Charlotte Green daughter of Edward M and Mary A Green born at 35 rue des Gobelins, Havre France - on 25th October 1895 -

35

Julian Hartridge Green, son of Edward M. and Mary A. Green, born at No. 4 rue Ruhmkorff - 17th Arrt Paris France on 6th September 1900 -

35

48

35. «Mes sœurs trichaient sur leur âge, mais la Bible leur disait la vérité. Me voilà tout en bas, le dernier, en marge.» Page de «naissances» dans la Bible de famille.

«Mes frères et sœurs, tous différents: une famille. Ils avaient chacun leur caractère, et pour mes sœurs l'une semblait écossaise, une autre irlandaise, la troisième galloise, ma sœur Anne anglaise et Mary italienne, par indépendance d'esprit.»

36

37

38

39

40

49

41

41. « Christ Church *où j'ai été baptisé. Ma marraine, Agnès Farley, irlandaise et catholique, écrivait des romans et était amie, à Paris, d'Oscar Wilde.* » Christ Church, boulevard Victor-Hugo à Neuilly.

42. « *L'étonnant dans ce qu'on appelle un bébé, c'est qu'il se ressemblera toute sa vie. N'ai-je pas l'air un peu étonné, mais joyeux de vivre ?* » Julien avec Lucy dans la ferme du Père Suzé à Giverny, 1902.

Si Edward avait été le préféré de son père comme Mary Adelaïde du sien, le petit Julian fut celui de toute la famille. Sa mère retrouvait en lui à la fois le petit Ned, jamais oublié, et son frère William ; quant à ses sœurs, elles avaient sous la main le seul garçon présent, puisque l'aîné, selon la tradition, était retourné faire fortune dans son pays natal. Aussi, la maison, vert paradis de l'enfance, est pleine d'animation pour Julian. Rêveur et de bonne humeur, dès quatre ans, il s'installe sous le piano pour écouter Mary ou Retta jouer Mozart, des tangos, Franz Lehar ou des airs napolitains. Dès qu'il peut s'emparer de crayons de couleurs, il se met à dessiner et passe des heures à colorier de grands nus « *couleur de pâte dentifrice* », mais asexués. Bien que sa langue maternelle soit l'anglais, il doit apprendre à la parler correctement, car l'atmosphère française de son école, d'abord le cours Sainte-Cécile, puis le lycée Janson de Sailly, en fait aussi un petit Français. Sa mère lui fait découvrir les délices de la lecture, elle promet un sou d'argent de poche

par livre lu, mais Julian n'a pas besoin de cet encouragement pour dévorer à huit ans Dickens, puis Thackeray. Des deux Janson, le petit et le grand, il garde le souvenir de professeurs dévoués *« qui aimaient apprendre à apprendre »*. Passy et la Muette, à l'époque, sont tranquilles : peu d'au-

43

« L'enfance est un pays dont on ne sort jamais. Elle a sa géographie et les photos n'en sont que des images collées sur une réalité qui échappe à toute raison. »

tomobiles, de nombreuses avenues ombragées, des réverbères éclairés au gaz dans les rues où le soir est silencieux ; dans ce Paris heureux, le petit garçon a des points de repère, les péniches sur la Seine qui le fascine, le *Guignol* de la Muette, le *Théâtre du Châtelet* où l'on joue *Michel Strogoff*...

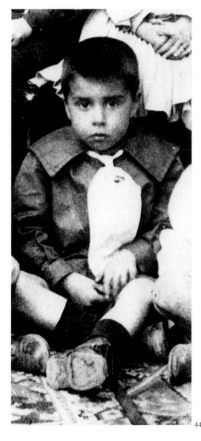

43. La *Villa Raynouard* à Auteuil, 1902.

44. Julien au Cours Sainte-Cécile, 1904.

44

La famille déménage plusieurs fois, mais de la rue Raynouard près de la Seine aux «hauteurs de Passy», rue de la Pompe, rue de Passy, rue Cortambert, c'est toujours le même quartier et c'est toujours dans des rues du XVIᵉ, jusqu'en 1939, que se recréera *l'atmosphère Green* ne ressemblant à aucune autre, comme le remarquait Gide, morceau de monde anglo-saxon environné par Paris. Celui qui devait plus tard courir les routes de l'Europe et d'Amérique et qui s'est si bien défini par son titre *Le Voyageur sur la terre*, fait son premier voyage à quatre ans, à Londres, avec sa mère, il se souvient encore des rafales de vent sur l'esplanade de la Tour et de sa maman retenant son chapeau à aigrette. Les vacances se passent tantôt à Saint-Valéry-sur-Somme, tantôt à Giverny chez le père Suzé, dont la ferme fut le rendez-vous des Impressionnistes, tantôt à Andrésy. Là, pour la première fois, le petit protestant est emmené, par la couturière à la journée qui travaillait chez les Green, à une messe catholique dans la belle église Saint-Germain, où avaient eu lieu les discussions pour l'abjuration de Henri IV.

Comme dans toute famille américaine, il y avait un tourbillon d'amis chez les Green. Deux femmes séduisaient Julian par leur beauté et leur élégance ; Emily Grigsby et Donna Maria D'Annunzio.

45. «*Amoureuse de Henry James qui s'en délivra dans* Les Ailes de la colombe. *Moi j'étais amoureux d'elle au point de baiser son ombre dans l'escalier.*» Emily Grigsby.

46. «*Donna Maria D'Annunzio. En parlant de son mari elle disait* le poëte*, et appelait mon père* "Papa". *À Rome, un jour, elle dit devant moi :* "Il est beau quand il se tait." *De quoi me fermer la bouche à tout jamais.*» La duchessina Maria Hardouin di Galles, épouse de Gabriele D'Annunzio.

45

46

Déjà se profile toute sa destinée : musique, livres, dessins, l'amour de la beauté sous toutes ses formes et, par-dessus tout, la révélation de l'infini et de la Présence divine en regardant le ciel étoilé. « [...] *levant la tête vers la vitre, j'aperçus le ciel noir dans lequel brillaient quelques étoiles. Quels mots employer pour décrire ce qui échappe au langage ? Cette minute fut peut-être la plus importante de ma vie et je ne sais qu'en dire. J'étais seul dans cette pièce sans lumière, et le regard levé vers le ciel j'eus ce que je ne puis appeler qu'un élan d'amour. J'ai aimé en ce monde, mais jamais comme en ce court moment, et je ne savais qui j'aimais. Pourtant je savais qu'il était là et que me voyant il m'aimait aussi. Ayant dit cela j'ai tout dit.* »

Tous les jours sa mère lui fait lire la Bible, la *King James*, où il apprend par cœur les psaumes. Trois événements extérieurs marquent son enfance ; deux, tragiques, vont impressionner toute sa vie, comme les signes de la précarité du monde : le tremblement de terre de Messine et le naufrage du *Titanic*. Le troisième, c'est *La Veuve joyeuse* dont son père rapporte la partition de la première à Vienne, le 1er janvier 1905. Le titre semble fait sur mesure pour notre siècle, à la veille de la grande guerre.

47. «*San Francisco. Les maisons tombaient debout. Plus tard, Claudel me dit à propos d'un séisme au Japon :"Imaginez une vieille dame qui relève tout à coup ses jupons".*» Tremblement de terre.

48. « *À New York, on suivait heure par heure les nouvelles du désastre.* "Dieu lui même ne pourrait pas couler le Titanic", *avait-on dit avec présomption.* »

49. « Messine... on ne parlait que de ça à la maison. L'hiver, le raz de marée, tous ces mots étaient sombres. Même la neige. Je m'en suis débarrassé en écrivant Demain n'existe pas. » L'École militaire de Messine après le tremblement de terre, 1908.

50.   « La Veuve joyeuse. *Je la connais par cœur. L'enchantement n'a jamais cessé depuis 1905. Avec mon fils en 1976 au*

Volksoper à Vienne, j'ai compris que le souvenir n'existait pas, ce n'était que du présent interrompu. »

51

À Janson, pour Julien des amitiés se nouent qui dureront toute la vie, tandis qu'à la maison, le jeune Américain Julian dessine dès qu'il est seul les personnages de ses livres anglais : pour *Oliver Twist*, les dessins faits à onze ans sont étonnants de vérité, d'autant plus que le garçon n'a encore jamais vu d'édition illustrée du grand romancier. À cette époque, il est *éclaireur*, fait des randonnées jusqu'en Belgique.

« *Je choisissais les passages bien sombres pour les illustrer à ma façon et j'ai toujours depuis dessiné mes personnages pour les voir.* »

54a

54b

54c

54   a, b, c, d. Illustrations pour Dickens. Dessins de Julien Green.

55. «*Je dessinais tout le temps, mais je ne montrais pas mes "nus".*» La fête chez les Green. Dessin de Julien Green.

55

54d

"PARIS INONDÉ"_Place du Palais Bourbon

« L'eau montait jusqu'au bas de la rue Raynouard, là où maintenant s'étalent les hideurs de l'O.R.T.F. »

545 PARIS (Passy). — Le Lycée Janson-de-Sailly

56. « Mon père était heureux en 1910. » Edward M. Green à Brême, 1910.

57. 1910, inondations de Paris.

58. « J'habitais en face du lycée. »

59

60

61

62

68

59. Durieux.

60. Maillart.

61. Decloux.

62. « *Au lycée mes cama-rades.* » Julien Green, au troisième rang (troisième en partant de la gauche).

63. Détail du n°62.

« Une de mes premières photos. Nous avions tous un Kodak dans la famille. La Villa du Lac a perdu de son charme et le jardin de son éclat quand, après nous, elle fut enlaidie et rendue méconnaissable à nos souvenirs. »

64. « *Le jardin à l'époque était un parc. L'officier est le commandant de La Charrière qui avait été blessé les premiers jours de la Marne.* » Dans le parc de la *Villa du Lac* : Lucy, Patrick, le commandant de La Charrière, Emilia, Julien, Anne. Au premier plan, le chien Loustalou.

65. *Villa du Lac*, Le Vésinet, 1914.

65

En 1913, pour être à la campagne, la famille s'installe au Vésinet, *Villa du Lac*, et, bien qu'il faille se rendre tous les matins à Janson par le train, c'est le bonheur : une grande maison, un parc prolongé par les abords du lac. Julian s'est passionné pour la photographie ; son premier appareil, un petit Kodak, puis un Leica seront toute sa vie ses compagnons de voyages. Mais les années paradisiaques vont finir d'un coup. C'est d'abord, en août, le coup de tonnerre de la guerre, et quelques mois plus tard, le 27 décembre 1914, le grand coup silencieux, la mort subite de sa mère. « *Le soleil éclairait doucement la*

64

66

chambre et tout était en ordre. Dans le plus grand des deux lits, celui de mon père, je vis ma mère étendue et les yeux fermés. J'avais craint je ne sais quoi et je retrouvais simplement la personne que j'aimais. Pendant un très long moment je me tins auprès d'elle. Si quelque chose pouvait m'inquiéter, ce n'était pas son immobilité, c'était la mienne. Pourquoi est-ce que je ne bougeais pas ? Elle et moi, nous étions comme des personnages dans une peinture — une fois de plus j'avais cette impression étrange — et rien ne semblait vrai. J'avais beau me dire que ma mère avait l'air de dormir. Les personnes endormies respirent. De même c'est en vain que je chuchotais : "Maman !" »

66. « Les Charmettes. Pension balzacienne surnommée pension Mouton. Nous nous y sommes réfugiés deux fois, en octobre 1914 lors de la première offensive allemande et au début 1916 lors de la seconde. »

67. « L'aile rouge de la guerre s'était soudain déployée. » Ordre de mobilisation générale, 2 août 1914.

68. « Dernière photo de Maman. »

67

68
73

69

Ce que Julian doit à sa mère
est sans mesure, de la Foi à l'amour
des livres. Maintenant, en 1916, les
lectures s'accumulent, les Brontë,
Dante, Walter Scott, Jane Austen,
c'est un livre par jour ou presque ;
la littérature anglaise, italienne, allemande, les poètes d'abord, tout y
passe. Mais le plus important est
dans l'invisible. Au-delà de la mort,
Mary Adelaïde va guider son fils vers
un livre caché sous des cols empesés
de son père : *The Faith of our Fathers*
de l'archevêque de Baltimore, le car-

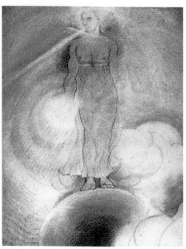

70

74   71

dinal Gibbons. Conversion immédiate à la fin de septembre 1915. Après huit mois d'éducation religieuse, à quinze ans et demi, le 29 avril 1916, Julian devient catholique ; son père l'était devenu secrètement en août 1915. Le père Crété, un jésuite, s'occupe du néophyte et va lui mettre en tête qu'il a une vocation. Cette suggestion sera d'abord bien accueillie, Julian ne se connaissant pas lui-même, mais elle montre chez le révérend Père, aussi saint qu'il fût, une absence totale de psychologie.

69. « Toujours des sujets fantastiques, mon inspiration anglo-saxonne. » Illustration pour un conte de Poe. Dessin de Julien Green.

70. L'Ange de l'Apocalypse. Aquarelle de Julien Green.

71. « L'Enfer. J'ai regardé de tous mes yeux ce pays qui sortait du livre. » L'Enfer de Dante, gravure de Doré, traduction de Francis Cary.

THE
FAITH OF OUR FATHERS

BEING A
PLAIN EXPOSITION AND VINDICATION
OF THE CHURCH FOUNDED BY
OUR LORD JESUS CHRIST

By JAMES CARDINAL GIBBONS
Archbishop of Baltimore

Eightieth Carefully Revised and Enlarged Edition
One Million and a Quarter Copies

JOHN MURPHY COMPANY
PUBLISHERS
Baltimore

R. & T. WASHBOURNE, Ltd.
10 Paternoster Row, London, and at Manchester, Birmingham and Glasgow

72. *« À 15 ans j'attendais tout de la vie, et ce fut d'abord… »*

73. *« … ce livre qui m'a rendu catholique à jamais. »* Page de titre de *The Faith of Our Fathers*, par le cardinal Gibbons.

74. *« Le cardinal Gibbons. Je lui dois tout, c'est-à-dire la religion que j'attendais. Je n'ai jamais bougé sur ce point. »* James, cardinal Gibbons, ici avec Theodore Roosevelt.

73

« À 15 ans j'attendais tout de la vie, et ce fut d'abord… ce livre qui m'a rendu catholique à jamais. »

74

75a

76

75 a-75 b. « *Actes d'abjuration de mon père et de moi.* » Actes d'abjuration du père de Julien Green et de Julien.

76. « *Austère et plein de cœur, ce grand jésuite ne comprit rien à l'hurluberlu exalté qui voulait à la fois être Aladin et saint François d'Assise.* » Le Révérend Père Crété.

77. « *Souriant et bon, mon père était blessé à mort dans le secret de son cœur depuis la disparition de Maman. Je me souviendrai toujours quand il m'avait serré dans ses bras en murmurant : "She was so proud of you."* » Edward et Julien Green, 1915.

78. « *Chez les sœurs blanches, rue Cortambert, eut lieu la cérémonie où je devins catholique.* » La Chapelle du Saint-Sacrement, 1900.

Diocèse de Paris

75 b

77

78

79

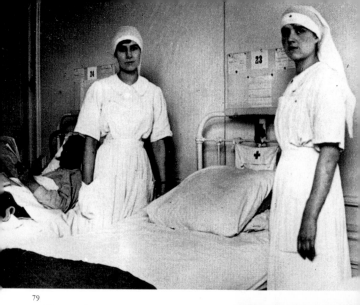

Deux de ses sœurs s'engagent pour soigner les blessés ; la maison se trouve bien vide pour le garçon, aussi son père l'envoie-t-il chez Eleanor chassée de Trieste par les Autrichiens et installée maintenant à Gênes avec son mari Kenneth Joll, descendant de Byron, et leur fils Patrick. Eleanor, socialiste et catholique, fiancée d'abord à Arnold Bennett, avait rompu parce qu'il ne pouvait prononcer les *h*, déjeunait avec Henry James, prit des leçons avec Grieg, chantait d'une voix exquise *Mélisande*. Ses yeux verts et sa chevelure rousse lui valaient de nombreux admirateurs... Avec elle, Julian découvre l'Italie ; là encore, naît une passion indéfectible, au demeurant très anglo-saxonne, pour ce pays de joie et de lumière. Dans la *Villa*

Kreyer à Nervi, pendant des vacances de printemps, le jeune homme peut regarder à loisir la collection fameuse de dessins érotiques de l'Albane sur les contes de Boccace, qui lui révèle sa violente sexualité.

Au printemps 1917, les États-Unis envoient des ambulances pour le front français ; Edward Green conseille à son fils de « *faire quelque chose pour les Alliés* ». Ainsi, Julian à seize ans et demi s'engage dans l'*American Field Service*, apprend à conduire une Ford, ancêtre de la Jeep, et le voilà parti pour l'Argonne. Personne ne remarque qu'il est loin d'avoir l'âge requis. Maintenant, son

79. « *Elles reçurent félicitations et médailles, ces jeunes Américaines. Et Retta mourut en service commandé. Elle eut un enterrement militaire, à l'église épiscopale de l'avenue de l'Alma.* » Anne et Retta Green, à l'hôtel *Ritz*, transformé en hôpital, 1916.

80. « *Mon père m'avait dit : "Il faut faire quelque chose pour les Alliés."* » Julien Green devant son ambulance n° 127046 de l'American Field Service, en juin 1917.

père tremble pour lui, mais Julian croit de façon absolue en son étoile ; « *tu es protégé* », lui disait sa mère, c'est un talisman contre la peur. Il fallait être inconscient pour se retrouver à cet âge, au milieu de ses aînés, dans des villages presque rayés de la carte comme Neuvilly dont il ne restait que quelques pans de murs, et les oreilles emplies nuit et jour du roulement de la canonnade. Là encore, l'atavisme joue. À seize ans, les garçons du Sud partaient défendre Dixie en trichant sur leur âge.

81. Clermont, 30 avril 1916.

82. Liste des engagés de l'American Field Service.

« *La plupart étaient des étudiants de Harvard, et tous mes aînés. On m'appelait* The Kid. »

81

ANOTHER AMBULANCE UNIT OFF FOR FRENCH FRONT.

Section 33 of the American Field Service left the headquarters at 21 rue Raynouard yesterday for the front, under the command of Mr. Gordon Ware. Mr. Ware is a graduate of Harvard, class 1908. He has served for the last seven months in the Field Service Ambulance, Section 10, in the Balkans.

Fifty-five new members of the American Field Service arrived this week from America on the Compagnie Générale Transatlantique s.s. Rochambeau.

Here is the personnel of Section 33:—

Ware, Gordon. Cdt. Adjoint, Framingham Centre, Mass.; Harvard.
Barnum, Phelps, Marmaroneck, N. Y.; Yale and Columbia.
Boggs, Walter S., Chicago, Ill.; Carnegie Technical School
Cueva, Bert J., Brooklyn, N.Y.; Dartmouth.
Etter, Leslie W., Sherman, Texas; Texas.
Gignoux, Gerard C., Great Neck, L.I.; Harvard.
Green, Julian H., Paris, France; Harvard.
Heiden, Leo R., New York City; Harvard.
Hunter, Raymond Leslie, New York City; Harvard.
Homan, Harold N., Chicago, Ill.; St. John's Military Academy.
Lebon, George, Great Neck, L.I.; St. John's Military Academy.
Lindsey, Leon M., Onarga, Ill.; Illinois University.
Mack, Walter K., Montclair, N.J.; Penn. State College.
McClure, Bruce H., Yonkers, N.Y.; Williams College.
Maher, Chauncey C., Payson, Ill.; Illinois University.
McClean, Wesley S., Chicago, Ill.; Illinois University.

Julian emporte partout avec lui des livres : dans la commanderie de Braux Sainte-Cohière, à la lueur d'une bougie, il lit *La Guerre en dentelles* de d'Esparbès et en tête d'un recueil de Maupassant où se retrouvaient *Boule de Suif, Mademoiselle Fifi*, et autres histoires de la guerre de 70, il inscrit au crayon : « *Au couvent de Beauchamp, sur la route de Clermont à Ste Menehould, le 2 novembre 1917 au soir* ». La plupart des appelés ont vingt ans ou plus, et pour eux Julian est tout simplement le *Kid*. Sa vie d'adolescent se passe maintenant dans un monde d'hommes. Avec toujours la même inconscience il va dans les avant-postes ; un matin de novembre, après que les Allemands eurent bombardé la seule route encore intacte où un de ses camarades et lui viennent de passer, il ne reste pas grand-chose de son ambulance, devant laquelle il posait si fièrement. Cela n'empêche pas le garçon de repartir aussitôt avec une autre voiture, à l'ébahissement des soldats français, vu le danger. Cependant, il a beau porter l'uniforme, il est révolté par la guerre. Il rencontre de nouveau la mort, dans une grange, et cette rencontre le marque à tout jamais. « *Quelqu'un était là. Devant moi, presque à mes pieds, un soldat étendu sur un brancard. Je m'arrêtai aussitôt. Sur la tête et sur la poitrine, on avait jeté sa capote qui laissait passer deux mains blanches et jeunes, sagement posées le long du corps. De même, les jambes et les pieds étaient*

joints bien droits… Mon cœur se serra hor-
riblement et je n'ai pas honte de dire que
des larmes roulèrent sur mes joues, des
larmes de compassion, sans doute, mais qui
ressemblaient bien à des larmes d'amour, et
la haine de la guerre s'installa dans mon
cœur à tout jamais. Je fis le vœu de ne
jamais tuer, même pour me défendre, et pris
Dieu à témoin de ce que je promettais. »

83. « *Villages détruits et bruit continu des canons, c'était l'Argonne.* » Triaucourt en 1914.

84. « *Lus à la lueur d'une chandelle, des récits de la guerre de 70 : Boule de suif et Mademoiselle Fifi.* » *L'Héritage*, de Maupassant ; petit exemplaire de poche de Julien Green en 1917.

83

au couvent de Beauchamp, sur la route de Clermont à Ste Menehould. Le 2 ou 3 nov. 1917, au soir.

L'HÉRITAGE

A Catulle Mendès

I

Bien qu'il ne fût pas encore dix heures, les employés arrivaient comme un flot sous la grande porte du ministère de la Marine, venus en hâte de tous les coins de Paris, car on approchait du jour de l'an, époque de zèle et d'avancements. Un bruit de pas pressés emplissait le vaste bâtiment tortueux comme un labyrinthe et que sillonnaient d'inextricables couloirs, percés par d'innombrables portes donnant entrée dans les bureaux.

Chacun pénétrait dans sa case, serrant

My car was destroyed by a shell
during the night of October 15th 19
at Dervin, near Clermont en Argon
First we were stationed at Issoncour
then Triancourt, then Clermont.

85. « Mon ambulance dé-
truite, à la stupéfaction des
soldats, j'en pris une autre
pour gagner les avant-postes. »
Deux soldats français près

de l'ambulance détruite de
Julien Green.
86. Le groupe des Améri-
cains sur le front italien (Julien
Green, marqué d'une croix).

« *On avait découvert que j'étais trop jeune. J'avais seize ans et demi lors de mon engagement et on me renvoya dans mes foyers. Je repartis pour l'Italie. Là, on m'appelait Greeno. Dans l'unité américaine stationnée plus loin, il y avait mes aînés, Dos Passos et Hemingway. Nous logions dans une villa appartenant à l'empereur d'Allemagne et on m'y donna la plus belle chambre, car j'étais trop jeune pour être avec les "grands".* »

87

88

87. Julien Green avec un soldat italien et un camarade américain.

88. La *Villa Mira*, à Dolo.

89. Sur le front du Piave. Au centre, Julien Green.

Un inspecteur américain découvre son âge et le fait renvoyer chez lui. Au passage, il apprend que deux croix de guerre avaient été données pour son camarade et lui, mais Mr Ware, qui dirige l'*American Field Service*, prétend qu'il a refusé parce qu'un Américain ne peut attacher aucune importance à des médailles. *Exit* cette décoration, la seule dont par la suite Julian Green eût été fier.

De retour à Paris, que fait-il ? Il se rengage dans l'*American Red Cross* qui vient de se former en Italie, après les désastres contre les Autrichiens sur l'Isonzo. Julian est envoyé dans le Frioul et en Vénétie, à Dolo, Trévise et à Roncade où stationne sa compagnie. Ses aînés, Dos Passos et Hemingway, en feront partie. En janvier, il apprend la mort de sa sœur Retta au service des blessés et son enterrement avec les honneurs militaires.

Il échappe à un bombardement à Mestre, se promène dans Venise déserte, puis, de nouveau, on s'aperçoit qu'il n'a toujours pas l'âge requis. En mai 1918, il est renvoyé une nouvelle fois dans ses foyers. À Gênes, chez Eleanor, une aventure avec Lola, la secrétaire de son beau-frère, tourne court, celui-ci rentrant à l'improviste. Ainsi l'éducation sexuelle du garçon sera en quelque sorte dévoyée ; pourtant, Julian comptera de grandes amitiés féminines tout le long de sa vie.

90

« *Soldat, j'ai appris là-bas la mort de ma sœur Retta et j'ai parcouru, un jour de permission, Venise déserte. La vie me formait ainsi avec le chagrin et la beauté.* »

90. Venise déserte.

91. Retta Green, *Villa du Lac*, Le Vésinet, 1914.

Après cet intermède, il retrouve sa sœur Mary à Rome où elle habite pour oublier une désillusion amoureuse. Elle devait épouser un jeune Italien de la noblesse romaine, mais la mère du garçon s'y opposa, Mary n'ayant pas de dot. De cet amour malheureux et passionné naît une petite fille, Emilia. En vain, le père attendra d'être orphelin, il sera alors trop tard, en 1926… Julian fait d'interminables promenades dans la *Ville*, avec Mrs Gibson, vieille amie de la famille, qui lui fait lire Léon Bloy. Puis, de retour en France, le 8 septembre, comme il a maintenant

92. « *De nouveau en mai, on me renvoya, j'étais toujours trop jeune.* » Lettre de remerciement de l'American Red Cross.

93. « *Ma chambre, rue Cortambert. Au-dessus de la commode, ma bourguignote de l'Argonne.* » Dessin de Julien Green

94. « *Eleanor habitait Gênes. Me voici sur la terrasse avec mon neveu Patrick.* » Patrick Joll et Julien Green.

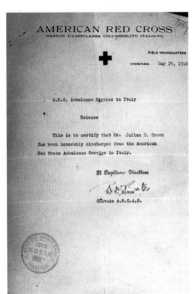

92

93

95. «*Aspirant, je n'aspirais certes pas à la guerre.*» Julien Green, aspirant.

96. «*J'eus 18 ans, l'Amérique était en guerre. Je dus passer un jour dans la Légion étrangère pour pouvoir être détaché à l'École d'artillerie. (Pourquoi donc l'artillerie!)*» Acte d'engagement de Julien Green.

l'âge légal et que l'Amérique est en guerre, d'abord il renouvelle sa déclaration de nationalité américaine, puis est détaché avec d'autres jeunes Américains dans l'armée française à l'École d'artillerie de Fontainebleau après avoir passé un jour dans la Légion Étrangère. Il sort aspirant : uniforme noir, galons d'or à passe-poil rouge. À l'armistice, le jeune aspirant «occupe» la Sarre et la Rhénanie pendant six mois.

Double page suivante :
97-98. «*Tout en portant un uniforme français, je renouvelais mon strict attachement à mon pays, les États-Unis. Je n'ai jamais eu d'autre nationalité.*» Acte de renouvellement de la citoyenneté américaine de Julien Green, délivré par la mairie du XVIe arrondissement, 12 septembre 1918.

L'an mil neuf cent dix-Huit et le Douze Septembre.

Par devant Nous Camille Foignet Juge de Paix du Seizième arrondissement de Paris, assisté

tant en notre Cabinet, sis Hôtel de la Mairie du dit Arrondissement, Rue de la Pompe n° 73.

S'est présenté :

Le sieur Julian Hartridge Green, Étudiant, demeurant à Paris, Rue Cortambert n° 16, né à Paris, Dix-Septième arrondissement le Six Septembre mil neuf cent assisté de son Père et Administrateur légal Monsieur Édouard Moon Green, Représentant de Maisons Américaines, demeurant à Paris, Rue Cortambert n° 16.

Lequel nous a déclaré qu'étant né en France du mariage de M. Édouard Moon Green, né à Greenwich, province de Virginie, États-Unis du Nord, le Dix Octobre mil huit cent Cinquante trois et de dame Mary Adélaïde Hartridge née à Savannah, État de Georgie, États-Unis du Nord, le Huit Avril mil huit cent Cinquante sept, tous deux Citoyens américains, et demeurant ensemble à Paris, Rue Cortambert n° 16.

Il voulait décliner la qualité de Français faculté que lui réservait l'art 8 § 4 du Code Civil et réclamait la Nationalité Américaine (Loi du 3 Juillet 1917.)

À l'appui de sa déclaration, le sieur Julian Hartridge Green nous a remis.

1° Son acte de naissance

2° Les expéditions de deux actes de notoriété dressés ce jour en cette Justice de Paix pour suppléer aux actes de naissance de ses Père et Mère.

3° L'acte de mariage de ses Père et Mère.

4° Un certificat constatant que l'Intéressé est domicilié en France

5° Une attestation en due forme émanant du gouvernement dont il se réclame et constatant qu'il est considéré comme son National

Pièces qui seront annexées à la déclaration qui doit être adressée à Monsieur le Ministre de la Justice pour y être enregistrée, cette formalité étant exigée par la loi à peine de nullité.

Étaient présents :

1° M. Edward G. Atkinson, rentier, 67 ans, demeurant à Paris, Rue Alphonse de Neuville n° 24.

2° M. Alfred Louis Cauchois, Négociant, 60 ans, demeurant à Paris, Rue Alphonse de Neuville n° 19

lesquels ont attesté l'individualité des comparants et ont déclaré que ce qui précède est à leur connaissance personnelle.

Avant de clore, nous avons fait observer au déclarant que dans le cas où il solliciterait ultérieurement la naturalisation, cette faveur lui serait refusée.

Après lecture faite, le déclarant, Mr Edouard Moon Green, ont signé avec les Témoins et Nous Juge de Paix.

Julian H. Green

E. Atkinson

Edm. Green

A. Cauchois

98

« *À Fontainebleau, il me semble qu'on faisait surtout du football.* »

99. Les Américains à l'École d'artillerie de Fontainebleau en octobre 1918.

«*Sarah Elliott était la petite-fille de l'évêque épiscopalien de Savannah, lors de la guerre entre les États.*» Sarah Elliott à bord du *De Grasse*.

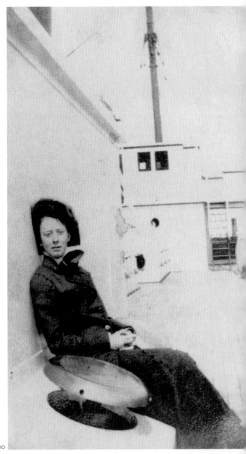

100

Le 26 mars 1919, il redevient civil, la fausse vocation suggérée en 1916 par le père Crété s'est évanouie. Que va-t-il faire ? Arrive l'offre de Walter Hartridge, oncle maternel, de finir ses études à l'Université de Virginie. En septembre, Julian s'embarque donc à bord du *De Grasse*, *via* Naples, Palerme, pour New York. Il a dix-neuf ans, ce garçon qui part pour découvrir son pays d'origine, il vient de porter trois fois l'uniforme, il est pacifiste, sauvage, sensible, et d'une beauté dont il ne se rend pas compte, et qui fait penser à celle de Nathaniel Hawthorne, si beau à dix-huit ans qu'une bohémienne lui demanda s'il était un ange ou un homme. « *Julian Green, au même âge, était, lui aussi, sombrement angélique, et ce n'est pas le seul trait commun. Hawthorne vivait, comme Green, dans un monde qui n'était pas tout à fait le nôtre...* », écrit François Mauriac.

101. « *Voyant que j'admirais le Narcisse, un jeune gardien me demanda si j'aimerais en avoir une copie, grandeur réelle. Était-ce donc possible ? Oui, en bronze pour cent cinquante lires. Je donnai les deux dollars et mon adresse en Amérique. "Innocent", murmura ma cousine Sarah, à bord du bateau, "croire un Napolitain !" La statue arriva six semaines plus tard dans une belle caisse. C'est une des histoires les plus curieuses de ma vie. Elle eût enchanté Freud !* »

101

« *J'ai connu dans ce décor les tourments et les délices de la jeunesse.* »

102. Le campus de l'Université de Virginie, à Charlottesville.

Contrairement à des descriptions le présentant comme un garçon brun aux yeux noirs, Julien Green est, comme Hawthorne, un brun aux yeux gris vert. Bérard qui fit son portrait a bien montré ces yeux clairs, un regard de visionnaire, traversé souvent de lueurs d'ironie.

À New York, la première réaction de Julian est négative : la ville lui paraît démesurée et il faut qu'il se réveille à Charlottesville pour découvrir le Sud de ses parents, les colonnes doriques, les magnolias, les sycomores et le canon de bronze devant le palais de justice. « *J'avais tout à coup devant mes yeux la patrie de ma mère.* » Pour être plus exact, en Virginie c'était la patrie de son père.

Son oncle le présente à l'Université ; nouveau coup de foudre devant la perspective des colonnes blanches, des arbres étalant les splendeurs de l'été indien contre un ciel bleu roi. Julian va se faire inscrire, il raconte drôlement sa première faute d'anglais, *uncle* écrit avec un *k*, car il était troublé. Pour ses études, il choisit la littérature anglaise, le grec, le latin, l'allemand, l'histoire, la philosophie « *que je laissais tomber immédiatement, ce n'était pas pour moi* », et les maths. « *Pourquoi ?* », se demande-t-il au bout de quelques jours, et il abandonne cette discipline à son tour. Tous les après-midi, il passe entre les statues grecques de Cabell Hall pour aller travailler dans la bibliothèque. Et

trente ans plus tard, dans *Moïra*, il
décrira la vie d'étudiant comme s'il
renaissait en ce Joseph Day, furieu-
sement sensuel et farouchement
enfermé en lui-même. Sa réserve inti-
mide les autres étudiants ; pourtant
certains lui offrent spontanément leur
amitié. L'un d'eux, Argyle Linington,

103. « *Le corridor des tenta-
tions pour un amoureux de
l'art antique.* » Cabell Hall, le
corridor des statues.

104. La Bibliothèque de la
Rotonde.

« *Pour écrire* Moïra, *je n'eus qu'à fermer les yeux. Ma dix-neuvième année se promenait de nouveau sous les colonnes, lisait dans cette bibliothèque...* »

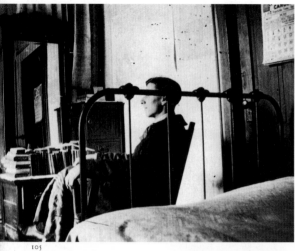

105.   106.

105. « *Premier de mes auto-portraits. Par la suite je perfectionnai ma technique.* » Autoportrait dans sa chambre.

106. « *Vers la chambre 34.* » West Range Colonnade, Université de Virginie.

107. « *Bien des rêves sont nés dans cette pièce, ma première chambre à l'Université, j'y suis resté cinq mois.* » La première chambre de Julien Green à Charlottesville.

108. « *Deuxième portrait. Je me nourrissais alors d'*ice-cream sodas. » Autoportrait à Charlottesville.

107.

109

110

108

111

109. Maison de Miss Page.

110. « *La vie d'étudiant vue par un étudiant dans les vapeurs du punch.* »

111. « *Elle descendait de Pocahontas, et me donna sa plus belle chambre, après m'avoir invité à déjeuner pour savoir qui j'étais.* » Miss Nelson Page.

le seul Nordiste de l'Université, le présente à Miss Page qui lui propose un logement très confortable, alors qu'il vivait en face du pont de chemin de fer où le *Chesapeake and Ohio* faisait plusieurs fois par jour trembler les murs. Miss Page, descendante de Pocahontas, l'Indienne fameuse grâce à qui la Virginie fut colonisée, est une personnalité de Charlottesville. L'existence du jeune homme change, dès qu'il accepte ceux qui ne demandent qu'à le connaître. Une des caractéristiques de sa vie sera la constance de ces amitiés ; ainsi, Benton, dont il était amoureux et dont les sentiments rejoignaient les siens : leur amour platonique durera toute leur vie.

À l'Université, les lectures continuent de plus belle ; Shakespeare, Hawthorne auront la plus grande influence sur l'écrivain qui s'éveille en lui. Quant aux livres du docteur Freud, de plus en plus à la mode, Julian n'en lit que les *cas*. Autre influence, directe celle-ci, il se rend tous les après-midis au cinéma. *Le Cabinet du Dr Caligari, Peter Ibbetson* semblent faits pour lui, même si, comme les autres étudiants, il ne rate pas un film de Valentino.

112. « J'avais 20 ans : vingt ans, mon Dieu ! »

113. « Benton et son frère Joe. L'amour platonique qui est le fond de ma nature. » Benton et Joe Owen, à Richmond.

« *Chaque fois que passait un film de Valentino, le campus le lendemain était peuplé de garçons calamistrés et l'œil de velours sombre.* »

115

116. « *La maison devait brûler en été 1922.* » Le *Lawn*.

117. « *C'est là qu'arriva le Narcisse de Naples.* » Maison de Walter Hartridge, Savannah.

117

Le second lieu que l'Amérique offre à sa mémoire ancestrale, c'est Savannah, la ville-forêt « *où à Noël fleurissent les roses* ». Il y passe ses vacances d'hiver chez son oncle Walter Hartridge. La maison de son grand-père, que son père avait vendue pour payer ses dettes, est alors vide, on la lui propose en tant qu'héritier naturel, mais il n'a pas les moyens de l'acquérir, et c'est l'Église épiscopale qui l'achètera. Plus tard, la maison deviendra monument national.

118. « *Le portrait de Lee n'a jamais quitté le bureau de mon père.* » Daguerréotype.

119. « *Le général Lee l'appelait "le cher Kinlock". J'y ai placé Mont-Cinère, ce que mon père me reprochait doucement puisque je brûlais la maison.* »

120. « *Un autre cousin de Savannah. Son grand-père était le beau-frère du mien. Je me suis servi de lui dans Les Étoiles du Sud.* » Andrew Low.

121. Les cousins De Witt Veeder et Mackall.

119

« *Les rires et la joie couraient d'une maison à l'autre, car il y avait toujours quelqu'un qui traversait l'immense pelouse, je devrais dire le champ de courses.* »

En 1920, séjour chez ses cousins de Virginie et les trois sœurs de son père, au *Lawn*, à *Sakhaline*, à *Kinloch*, qui joueront un rôle dans ses livres futurs, de *Mont-Cinère* à *Chaque homme dans sa nuit*. Il rencontre même Mr Brown, le dernier des esclaves de son grand-père, que celui-ci avait libéré tout jeune, avant la guerre de Sécession, en lui donnant une petite maison et un champ.

120

En mai 1920, paraît dans la *Virginia Quarterly Review*, revue de l'Université, « The Apprentice Psychiatrist », sa première nouvelle écrite en anglais. Au départ, leur professeur, le Dr Metcalf, avait demandé aux étudiants d'essayer d'écrire une histoire sous la forme qui leur conviendrait. À la lecture de celle de Julian Green, il a l'intuition qu'il s'agit d'un texte exceptionnel et le récit est publié. De nombreux autres essais, en anglais comme en français, s'accumulent dans les papiers de l'étudiant : le début d'un Journal, une *Philosophie du désespoir*, *Azraël*, et des

123

The
University of Virginia
Magazine

May-June, 1920.

124

122. « Encore moi par moi. Cette année-là j'étais heureux. » Autoportrait chez Miss Page, 1921.

123. « J'ai souvent parlé de Mr Brown. Il vénérait mon grand-père et me serrant longuement les mains entre les siennes, douces et chaudes, il dit que j'étais "comme Master Charles." » Mr Brown.

Azraël

Début.

*l'importance que
l'homme a donne*

Il existe une façon de parler de la mort qui est pour ainsi rituelle. On a toute licence de parler comme on veut de l'amour, de la vie, gaiement ou tristement, mais pour ce qui est de la mort, il y a toutes sortes de règles à observer ... de la vie, de toutes ses façons, gaiement ou gravement, mais pour ce qui est de la mort, il y a toutes sortes de règles à observer. Le fait même d'en parler semble bizarre à moins que cela ne soit tout à fait à propos, et alors les gens ne souffrent pas qu'on ... dire autre chose que des lieux communs. Ils ne veulent pas qu'on ... aborde ce sujet sacré.

Le respect qu'on a des lieux communs sur la mort obéit à des lois mystérieuses. Une religion naturelle s'est établie autour de ces événements, je veux dire une religion qui unit tous les hommes ... à son langage, ses rites et ... semble être née sous le cœur des hommes, sans que les hommes aient eu besoin de s'enquérir de ce qu'elle ... ni de ce qu'elle enseigne; elle a ses rites, son langage, elle est très ancienne, et n'a presque pas d'héroïnes. Elle s'est répandue sans livre, sans révélation; là où est l'homme là elle règne. Elle lui enseigne sa vérité secrètement, et par le seul intermédiaire de sa conscience. Elle lui apprend à ... craindre la mort, à la considérer comme le plus horrible fléau qui soit, à s'en parler que très peu, comme si les paroles que prononcent les hommes avaient le pouvoir de l'attirer sur eux, ou à n'en parler qu'avec toutes sortes de précautions, en se servant d'images ... de phrases consacrées que les hommes de toutes les races et de tous les temps se sont légués comme des trésors. Ce que l'on ne songe pas à remarquer, c'est qu'elle est en contradiction avec les religions en général et particulièrement avec la religion chrétienne. Son ... et son langage est fort, ses images en général bien frappées si nous n'y étions pas habitués, nous aimerions ces fleurs moissonnées, ces derniers voyages dont elle nous parle.

Ce que l'on ne songe pas à remarquer, c'est qu'elle est en contradiction ouverte avec la religion chrétienne. Elle s'abaisse devant la mort ... et la religion chrétienne demande à la mort où est sa victoire. C'est la religion de la mort qui a imposé au catholicisme ses draperies noires, ses crêpes, ces draperies noires et ces larmes d'argent, car il est absurde ... de lui-même, le catholicisme crie: "Enfin!", il salue les

124. « *Manuscrit de* The Apprentice Psychiatrist. *Pour la première fois mon nom était imprimé, j'étais un écrivain anglais.* » The University of Virginia Magazine, 1920.

125. « *Le Docteur John Calvin Metcalf, un grand Monsieur et un merveilleux professeur.* »

126. « *Tiens, voilà un inédit !* » Première page du manuscrit d'*Azraël*.

127. « *À la même époque, Lord Dunsany faisait l'admiration de Lovecraft.* » Page manuscrite de la traduction d'un des contes de Lord Dunsany.

127

nouvelles dont certaines ne verront le jour qu'en 1983. D'autres furent perdues, d'autres encore restent sans doute aux États-Unis, égarées dans les papiers de famille. Un soir, sur une route, au clair de lune, il raconte à son ami Jim *Si j'étais vous*. Un autre jour, à la librairie du drugstore de Charlottesville, *The Corner*, il achète un petit volume de Lord Dunsany (*Dreamer's Tales*). Il le traduit après avoir demandé la permission à l'auteur qui lui répond avec enthousiasme. Cette traduction, refusée alors par Gallimard (deux noms étrangers inconnus), ne paraîtra que soixante-dix ans plus tard.

128

Juillet 1922

Julien green

129

128. « *J'aurais dû écrire le* Traité du Narcisse... » Autoportrait. Dessin de Julien Green.

129. « *J'étais fier de mes mains... à juste titre.* » Dessin de Julien Green, juillet 1922.

130. « *Cette photo, c'est l'adieu de mon adolescence à mon Sud.* » Les bords de la Savannah.

Même s'il se sent toujours européen, l'Amérique s'imprime profondément dans la mémoire et l'imagination de Julian, comme un film qu'il déroulera au ralenti à travers différentes œuvres, mais, à la fin de l'année universitaire 1922, soudain il décide de rentrer en Europe. Si aux États-Unis il rêvait de Paris, à Paris il rêve d'être en Virginie. Il vit au naturel le dédoublement qui sera une constante de son œuvre.

Maintenant, il veut être peintre. Son père l'emmène chez les Stein (Leo, Mike et Gertrude), collectionneurs de Matisse, Juan Gris, Picasso, mais sa vocation ne résiste pas à la vision du visage vert de Madame Matisse, et au bout de quelques séances à la Grande Chaumière, il renonce à la peinture, à ses pinceaux et à ses œuvres.

Dès lors, il s'enferme dans sa chambre et se met à écrire, cette fois en français puisqu'il vit en France. D'abord un récit autobiographique qui sera brûlé, *Frédéric* ; puis un poème en prose, *Dionysos* ; une nouvelle, *Christine* ; et deux récits : *Jean Sébastien*, sorte de promenade nocturne, dans l'esprit de Jean-Paul et des romantiques allemands, à la fois réaliste et magique, où le personnage a un alter ego sans lequel il ne peut vivre ; *La Vie et la mort de Michel Corvin*, qui annonce le schizophrène du *Voyageur sur la terre*. Et il tient un Journal. Il écrira même un premier

131

récit autobiographique pour séduire Ted Delano, petit-cousin de Roosevelt et ami de sa cousine Sarah Elliott qui vit chez les Green. Ted répondra trop tard à cette déclaration détournée.

La rencontre de Pierre Morhange et celle de Claude Aveline vont amener le jeune Green à affronter le public. Claude Aveline publie l'étude sur *Blake* que Julian signe David Irland, nom d'un trisaïeul, et, sous ce nom, paraîtront encore différents textes dans *Feuilles critiques*, *Vita* et *Philosophies*, cette dernière revue fondée par Morhange qui veut créer aussi une *Revue des Pamphlétaires*. Il demande cinquante

La Vie littéraire

Julien Green : Le Voyageur sur la terre [1]

(Plon) 31.

Les États-Unis, qui apparaissent comme la patrie ~~de toutes ces gens~~ de tout ce qui est positif et contrôlable, ont produit ~~ces~~ trois grands écrivains fantastiques : Nathaniel Hawthorne, Edgar Poe et Henry James. C'est à cette race d'écrivains méditatifs et volontaires, épris d'~~une~~ irréel et comprimés par une société éprise de confort et de sûreté, qu'appartient Julien Green. Il y a chez lui cette même assurance ~~et cette même lucidité~~ qui le poussent à contredire l'assurance et la lucidité d'un monde qui se sait sur la terre. Mais voilà que le même peuple qui s'est incarné dans la Science du bonhomme Richard garde aussi dans sa mémoire des tronçons de paroles bibliques : et ~~ces~~ mornes versets, soudain, s'illuminent d'une sonorité profonde et nouvelle.

(1) Plon, éditeur.

133

126

134

135

136

Double page précédente :

131. « *Petit-neveu de Roosevelt, il était toujours fourré à la maison.* » Ted Delano.

132. « *L'enfilade des salons et de la bibliothèque, rue Cortambert.* » Rue Cortambert,
Paris XVIᵉ.

133. « *Cet article me fit connaître Jean
Cassou, ami de la première heure.* » Manuscrit
du compte rendu du *Voyageur sur la terre*
par Jean Cassou.

134. « *Portrait peu connu de Byron. Il valait
mieux que sa renommée. Comme toujours il y
avait malentendu, mais il était irrésistible.* »
Lord Byron.

135. « *Mon premier pseudo : David Irland.* »
Page de couverture de la revue *Vita*, 1924.

136. « *En Virginie,* The Apprentice
Psychiatrist *envoyait mon double à Paris. Rentré
en France, je le renvoyais là-bas, à Savannah et

à Charlottesville.* » Le *Voyageur sur
la terre* dans *La N.R.F.*, 1ᵉʳ août
1926.

137

138

pages à Green, persuadé qu'il tient là une recrue de premier choix. Il ne se trompe pas, mais sa revue ne survivra pas au premier numéro d'octobre 1924, entièrement composé du *Pamphlet contre les catholiques de France*, signé d'un nouveau pseudonyme, Théophile Delaporte, car, dans la famille Green, on ne commet pas son nom sur la place publique. Ce petit livre, ceinturé d'une bande rouge « *dédié aux six cardinaux français* », ne va pas déclencher une guerre de religion comme le voulait Morhange, mais faire connaître immédiatement son auteur. Stanislas Fumet et Jacques Maritain, filleuls de Léon Bloy, sont les premiers à entendre cette nouvelle voix « *pascalienne* », comme le dit aussitôt Max Jacob.

Cette année 1924, pour la première fois, Julian Green signe Julien Green, sur les conseils de Gaston Gallimard qui lui recommande de franciser au moins son prénom. Dans *Philosophies*, il publie une longue étude sur Joyce, un des écrivains qu'il admire le plus, et en août, quelques semaines plus tard, un second article, sur *Ulysses*, dans *La N.R.F.* où l'a fait accueillir Jacques de Lacretelle.

Toujours en 1924 sera écrit *Le Voyageur sur la terre*. Dans une réunion en novembre chez le directeur de la *Revue hebdomadaire*, Julien Green va faire connaissance avec le secrétaire de cette revue, Robert de Saint Jean ; une amitié toute platonique durera

MUSÉE DU LUXEMBOURG. - *Les Porteurs de mauvaises nouvelles.* - Lecomte du Nouy. - LL.

Souvenir de notre jeunesse

16. « *Mon inconscient eut la révélation de sa sexualité. Devant cette toile j'étais heureux-malheureux. Ma vie fut changée.* » Les Porteurs de mauvaises nouvelles. Huile de Lecomte du Noüy; et envoi de l'artiste à S. E. Hamdy Bey.

17. « *Le Titanic. Après le feu à San Francisco, la terre à Messine, l'eau à Paris, voici le froid et la mer, symboles d'un monde qui allait couler en 1914 et en 1939.* » Willy Stöwer, Le Naufrage du Titanic, 1912.

17

18. « Par mon "prof" de dessin. » Julien Green par F. Bouisseren.

19. « Généalogie. Trop de choses à dire sur l'hérédité. _Qui sommes-nous ? Nous le saurons,_ une fois sauté "ce peu profond ruisseau calomnié, la mort". » Aquarelle d'Olivier Amiot d'après une généalogie complète.

18

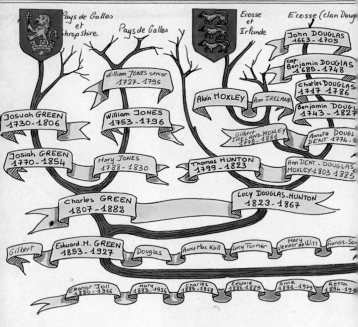

Pays de Galles et Shropshire

Pays de Galles

Ecosse et Irlande

Ecosse (clan Doug...

John DOUGLAS 1663 - 1705

William JONES senior 1727 - 1795

cap. Benjamin DOUGLAS 1685 - 1748

Charles DOUGLAS 1717 1786

Alvin MOXLEY

Ann IRELAND

Josuah GREEN 1730 - 1806

William JONES 1753 - 1796

Benjamin DOUGL... 1743 - 1827

Gilbert IRELAND-MOXLEY 1778 - 1811

Annuta DOUGL... DENT 1774 -

Josiah GREEN 1770 - 1854

Mary JONES 1788 - 1830

Thomas HUNTON 1799 - 1823

Ann DENT - DOUGLAS MOXLEY 1803 1885

Charles GREEN 1807 - 1882

Lucy DOUGLAS-HUNTON 1823 - 1867

Gilbert

Edward.H. GREEN 1853 - 1927

Douglas

Anne Mac Koll

Lucy Turner

Mary Veeder de Witt

Francis-So...

Eleanor Joll 1880 - 1966

Mary 1883 - 1926

Charles 1885 - 1968

Edward 1886 - 1889

Anne 1891 - 1979

Retta 1894 - 19...

19

20. *« De toutes les armes de la famille - on connaît mon indifférence pour ce genre de choses - j'ai choisi le plus récent, le lion donné par le roi d'Angleterre en 1725, parce que je l'ai vu toute mon enfance et que c'est un de mes animaux favoris. Dans Shakespeare, ne dit-il pas "je rugirai doucement, pour ne pas faire peur aux dames." Pour n'être pas injuste, j'ai mis le blason de ma mère, plus loin... »*

20

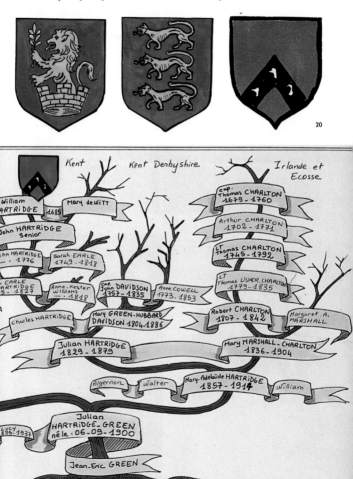

Kent   Kent Denbyshire   Irlande et Ecosse

William HARTRIDGE — 1685   Mary deWITT   Cap. Thomas CHARLTON 1679 - 1760

John HARTRIDGE Senior   Arthur CHARLTON 1702 - 1771

John HARTRIDGE - 1776   Sarah EARLE 1749 - 1818   LT Thomas CHARLTON 1745 - 1792

...EARLE HARTRIDGE ...5 - 1827   Anne-Hester WILLIAMS - 1818   Cap. John DAVIDSON 1757 - 1835   Anne COWELL 1773 - 1853   LT Thomas USHER CHARLTON 1779 - 1835

Charles HARTRIDGE   Mary GREEN-HUBBARD DAVIDSON 1804-1886   Robert CHARLTON 1807 - 1842   Margaret A. MARSHALL

Julian HARTRIDGE 1829 - 1879   Mary MARSHALL-CHARLTON 1836 - 1904

Algernon   Walter   Mary-Adelaïde HARTRIDGE 1857 - 1914   William

LUCY 1855-1937   Julian HARTRIDGE-GREEN né le : 06-09-1900

Jean-Eric GREEN

131

21

22

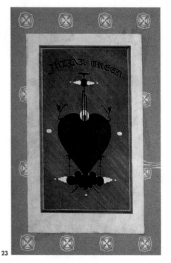

23

24

21. « *Je ne me suis jamais séparé de mes Shakespeare. Ils sont tous dans ma chambre, avec mon ex-libris de 1919, dessiné par un ami de ma sœur Mary : un ange de la Renommée dans le style d'Aubrey Beardsley.* » Exemplaire personnel de *The Tragedie of Romeo and Juliet*, de William Shakespeare, avec ex-libris. Pages de garde et de titre.

22. « *Illustration d'Alexeïeff* [*pour* Adrienne Mesurat]. *J'écrivais une grande page par jour et m'arrêtais même au milieu d'un mot. Le lendemain, le récit reprenait auto-ma-ti-que-ment.* »

23. Ex-libris de Julien Green, 1919.

24. « *Des années plus tard, ce fauteuil fut "adoooré" par Dalí.* » Fauteuil dessiné par Julien Green.

25. « *Je suis d'abord un écrivain anglais.* » Manuscrit de *The Apprentice Psychiatrist*.

The Apprentice Psychiatrist.

A few old people who have known Casimir Joerle at the time this story begins, agree that he was serious-minded and studious, with a somewhat melancholy nature and very fine, eager, inquisitive eyes that looked at everything with a sort of impassioned interest. He had been for two years one of Dr. Richard's most attentive students at the École de Medecine and shown the greatest abilities as a dissector, but his real vocation, he used to say, was the study of our nervous system to which he soon devoted most of his time. No doubt his friends remember the juvenile enthusiasm with which he expressed himself on the subject, in a semi-scientific review of the day : Neurology, he wrote, that is where psychology and natural sciences merge into one. Here we can find no such thing as the soul under our scalpel, but the mind, the tremendous mind of man, we can, so to speak, have its origins and watch its awakening and development in three pounds of greyish flesh and a net of little white threads, we can seize thought between our instruments and explore the abstract with tweezers and microscopes. His faith in Groca was pure and immense.

One day, his doctor's degree was then still in the realm of possible things, he received a letter which caused him to frown. Then to pace his room, then to throw out his indignation to the walls and the yellow skull that grinned on his desk. So he would have to give up his studies because his miserly peasant of a father refused to

25

Double page suivante :
26. Manuscrit du *Pamphlet contre les Catholiques de France*.

27. *La Revue des pamphlétaires*, nº 1, 15 octobre 1924.

Vous n'en savez rien. Il x dit tout amour et il crée l'enfer où il précipite, peut être, ceux qu'il
au point d'en mourir. Où est la logique de cela ? cette étrange justice ? Il veut le bonheur
maintz et il permet que le péché s'introduise dans le monde, mais, il n'a pas su néréspére
expliquer pourquoi. Cependant il vous propose un remède à ce mal et loin d'en profiter du re
vous discutez la raison du mal. Cela n'est pas habile; l'important est de vous sauver.

Votre raison gâte tout. Elle vous tuera à la fin.

Vous voudriez que l'on vous traitât comme un gueux et qu'on vous dit des choses communes
le créateur ne vous a jamais dit de choses communes; il a parlé au dessus de vous, et
avez fait le gueux en lui demandant de vous donner des reçus, des preuves, c'est à dire
au dessous de lui même.

La Mort sur la Croix

On ne se sauve pas si on n'a pas le sentiment de la noblesse. [Il n'y a pas d'aristo
douleur. Souffrez donc]

n'a pas aboli

Se sauver, qu'est ce à dire ? D'une façon gé. De

Pour qu'on vous ait jugé digne d'une souffrance qui n'aura pas de fin, il faut vraiment
votre âme soit d'une valeur inestimable, et il faut que vos péchés l'Enfer importante
pour que le plus grand des sacrifices imaginables n'ait ne suffise pas à à mettre à l'abri
peine qui n'a ni terme ni mesure.

La mort par la croix n'a pas aboli l'enfer; voilà de quoi assombrir toute une vie]

C'est comme si le clergé parle peu de l'enfer, parce que cela n'est pas dans l'esprit du temps
clergé se conforme au temps, mais il n'empêche pas que l'enfer soit béant à nos pieds. Quel
étrange clergé qui ne le sait pas? Il mange, il boit, il rit, et la mort le pousse devant elle en un
l'Église ne dit rien parce qu'elle même n'en sait rien. Elle dit: "en son lieu," avec l'Écriture.

Vous avez le choix entre le Ciel et l'Enfer et vous dites que ce choix ne devrait pas être, o
autre aurait dû le faire. Vous faites le gueux avec celui qui vous traite en prince, mais votre
n'a pas raison de sa magnificence et le choix infinité.

Quoi que vous fassiez, vous êtes immortel. Il ne vous a pas été demandé si vous le va
non; vous auriez peut être sans doute refusé. C'est ainsi que vous êtes grand malgré vous même

Il y a une sorte de différence de la part du créateur à l'égard de ce qu'il a créé. Elle est le
différence, vous lui devez cet l'Enfer qui vous fait frémir.

L'homme ne sait pas combien il est grand, et ses péchés les plus énormes sont révélateurs
erreurs et il s'attache à mille petites choses, mais la grandeur se communique, et il donne à
telles choses une sorte de grandeur: elles le précipitent les ravissent le ciel.

Il faut poser le problème avec bravoure; il s'agit d'éternités.

Le clergé parle peu de ces choses, ou peu, et mal; il ne peut pas s'en point parler du tout, ce
a en lui quelque chose de plus fort que lui, et qui ne dépend pas de lui; mais il y fait effort
fois et qui s'oblige à parler de cette annoncer la vérité. Mais le clergé prend sa revanche en la rendu
moyenne.

Un homme qui a reçu le sacrement d'ordination revêt un caractère spécial. Il est double:
un s'est ajouté à lui, pour toujours et cette personne mystérieuse le travaille incessamment
bonté on absorbés par une volonté plus forte et cette volonté Dans le plus sot et le plus méch
il reste encore quelque chose d'étrangement inhumain et qui effraie parce qu'elle que celt
plique pas très bien, une sorte de sainteté puissance surnaturelle et de sainteté inhumaine avec

26

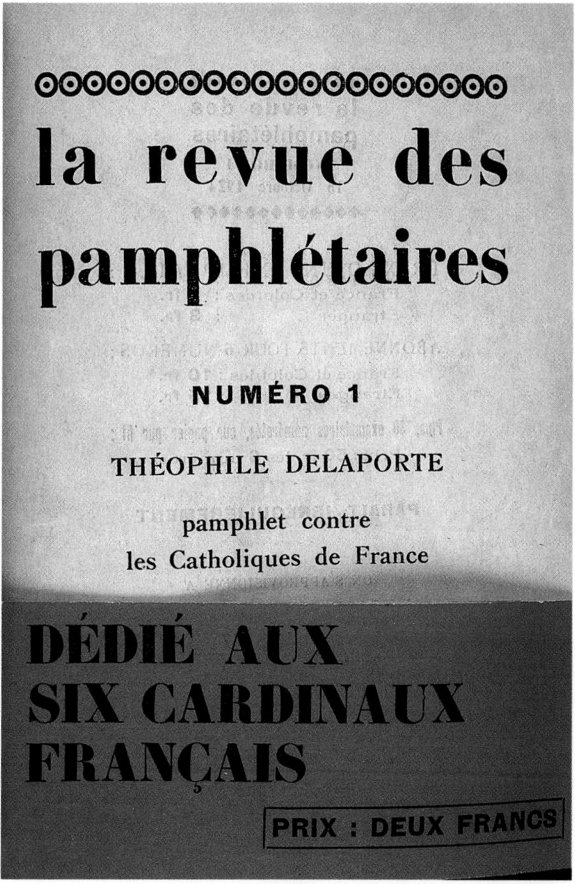

○○○○○○○○○○○○○○○○○○○○○○○○

la revue des
pamphlétaires

NUMÉRO 1

THÉOPHILE DELAPORTE

pamphlet contre
les Catholiques de France

DÉDIÉ AUX
SIX CARDINAUX
FRANÇAIS

PRIX : DEUX FRANCS

27

*« J'aimais la bande rouge cardinal,
mais l'apostrophe était de Morhange…
qui m'avait demandé 50 pages. J'étais
littéral, je m'arrêtai donc à 50 pages. »*

28

30

31

29

28. « *Le titre anglais était sans ambiguïté, mais l'humour sous-jacent.* » Jaquette de l'édition anglaise de *Mont-Cinère*.

29. Bois en couleurs de René Ben Sussan pour l'édition originale américaine de *The Pilgrim on the Earth*.

30. « *Littérale cette couverture : l'escalier de la peur.* » Premier plat de couverture de l'édition allemande du *Voyageur sur la terre*.

31. « *La revue de mon Université me publia souvent.* »

jusqu'à la mort de ce dernier en 1987. Puis c'est la rencontre de Jacques Maritain, une « *des rencontres capitales de* [s]*a vie* », en janvier 1925.

Ce Paris de l'après-guerre ne songe qu'à s'amuser, il faut être cynique, rapide (époque d'hommes pressés et sans illusions, croient-ils), mais les œuvres de Julien Green se succèdent hors de la mode. D'abord *Mont-Cinère* en juin 1926, après les essais biographiques de *Suite anglaise* qui lui vaudront un intérêt grandissant, de Soupault à Gide. Un critique le baptise aussitôt *le quatrième Brontë*, remplaçant en somme Branwell, tandis que Bernanos termine son article sur *Mont-Cinère* par : « *Courage, Green,*

137. « *Une nouvelle liaison platonique et qui ne fut que cela, mais dans Paris on suppose toujours tout et n'importe quoi.* » Robert de Saint Jean. Dessin à l'encre de Julien Green.

138. « *De tous, celui que mon âme aimait le plus, je ne peux le dire autrement.* » Jacques Maritain, par Henri Martinie.

139. « *Gide aimait Stoisy Sternheim comme moi. Nous riions beaucoup ensemble. Elle était vive et toujours prête à s'amuser.* »

CHEZ PLON

UN JEUNE ROMANCIER

JULIEN GREEN
d'après un dessin de **CHRISTIAN BÉRARD**

Julien Green est né à Paris, en septembre 1900, de parents Américains
du Nord. Il fit ses études au lycée Janson-de-Sailly. Après la guerre,

140

*140. « Ce dessin de Bérard
me fut volé à la fin de guerre. »*
Fascicule publicitaire des
Éditions Plon, illustré d'un
dessin à l'encre de Christian
Bérard.

*141. « En 1926, je voulais
tout de la vie. Ai-je changé ? »*
Autoportrait, 1926.

votre œuvre est bonne. » Ces romans
sombres et violents, descendant les
cercles de l'enfer des passions
humaines, dans l'analyse d'âmes à la
recherche d'un paradis, vont susciter
l'un après l'autre étonnement, fasci-
nation, passion. Max Jacob écrit :
« *Vous êtes le poète de la peur, ce premier
sentiment de l'animal humain* », et Jean
Cassou le range avec « *ces écrivains
méditatifs et volontaires, Nathaniel
Hawthorne, Edgar Poe et Henry James* ».

Cette année-là, sa sœur Mary meurt
à Cambo. « *La brigande* », comme l'appelle Julien Green, avait un grand
charme, un tempérament et une

142. « *François Mauriac m'envoya le manuscrit de son article. Lui et Jeanne me traitaient comme leur enfant. Je les aimais profondément.* » Manuscrit du compte rendu d'*Adrienne Mesurat* par François Mauriac.

143. « *L'édition russe. Henri Barbusse me demanda tous mes livres pour Moscou.* » Couverture d'une édition russe d'*Adrienne Mesurat*.

144. « *Encore un autoportrait. Ce jeune homme eut beaucoup de chance en amitié : Gide, Maritain, Saint Jean, Cassou, Mauriac, Nabokov, Zweig, Mann, Lacretelle, etc. et Max Jacob qui m'envoya son* Cornet à dés *avant de me rencontrer.* "On me dit que vous êtes un ange, alors je signe votre Jacob (Max)." » Autoportrait, rue Cortambert, 1927.

142

intelligence de feu. L'année suivante, Edward Green, inconsolable depuis la mort de sa femme, disparaît — on l'enterre dans son habit de tertiaire franciscain, ce qu'il était devenu secrètement. Il eut le temps de lire *Adrienne Mesurat* et de voir que son fils se débrouillait tout seul.

La renommée de Green s'étend après *Le Voyageur sur la terre*, avec *Adrienne Mesurat*, en avril 1927, livres traduits aussitôt partout en Europe, Russie comprise, et en Amérique. Un prix lui est décerné à Londres, le *Bookman Prize*. Le même jour, Virginia Woolf reçoit le *Femina* pour *La Promenade au phare*. Malheureusement, les deux écrivains ne se

reverront pas, Virginia Woolf est timi-
de et Julien Green joue de sa timidité.
À la même époque, un vieux monsieur
vient le voir et s'intéresse à ses livres :
Julian Hawthorne, fils de Nathaniel :
pour Julien Green, c'est un lien avec
l'auteur qui a le plus marqué sa jeunesse.

Dans sa collection du « Roseau
d'or », où avaient paru les deux premiers romans, Maritain publie
Léviathan en mars 1929. Gide veut aussitôt en tirer un film avec Marc
Allégret, mais il y a des complications
de dernière minute (*Léviathan* tentera
successivement Eisenstein, Siodmak,
Dreyer, Tourneur, Cottafavi, Vis-
conti…) De toutes parts, le succès
place l'écrivain au premier plan. Deux
grands prix lui sont décernés aux

143

Hugh Walpole

Virginia Woolf

May

Mr. Hugh Walpole (left) presenting the Femina Vie Heureuse prize fo
work of fiction of the year in English to Mrs. Virginia Wolfe for he
novel " To the Lighthouse."   On the right of the photograph is Mr. Jul
the young French writer of American parentage who won the Bookman
the year for the best work of imagination in French with his interestin
logical novel " Adrienne Mesurat," reviewed in the " Queen " of Mare

The Queen

146

« *Nous recevions chacun un prix à Londres. Je n'eus d'ailleurs des prix qu'en Amérique et en Angleterre. "Passez d'abord, me dit Virginia Woolf, j'ai peur." Je parlai de façon si personnelle qu'ils furent tous étonnés (scandalisés, oh no !) et ravis. Ce n'était pas ce qu'on disait d'habitude.* »

145. Prix Femina - Vie Heureuse.

146. « *Le premier télégramme avant la sortie du livre aux États-Unis.* » Copie d'un télégramme adressé aux commerciaux des Éditions Harper, 1928.

143

États-Unis, le krach financier de 1929 engloutit cette fortune. Le premier tirage avait été de quatre-vingt-dix mille exemplaires. De nouveaux témoignages lui arrivent de tous côtés, une lettre de Maeterlinck touche particulièrement le jeune romancier : « *3 avril 1929. Je lis peu de romans, car à un certain âge on s'intéresse médiocrement aux petites et charnelles questions sexuelles ou sentimentales qui en forment le fond. Mais votre* Léviathan, *c'est autre chose. Je l'ai lu sans désemparer, comme si j'avais découvert tout à coup un Balzac souterrain qui promenait sa lampe de mineur dans des ténèbres bien plus épaisses que celles auxquelles nous sommes accoutumés. Et quelle belle lumière quand, par moments, il sort de sa nuit et regarde le paysage…* »

Il se lie avec des écrivains anglo-saxons plus qu'avec des français, T.S. Eliot, Louis Bromfield, Stefan Zweig, Nabokov, et il a déjà des traducteurs exceptionnels, notamment en Angleterre, le second fils d'Oscar Wilde, Vyvyan Holland ; en Italie, Vittorio Sereni ; en Allemagne, Irène Kafka, Franz Hessel…

De plus en plus, il voyage dans toute l'Europe centrale, les pays du Nord, l'Angleterre, les États-Unis. Son *Journal* nous transmet l'image d'un monde en gestation, d'une société qui s'écroule, d'une époque charnière où s'annoncent les guerres futures. Il en a la prescience, tandis que les spécialistes penchés sur les événements sont aveugles.

147. « *À Talloires, j'écrivais* Léviathan. »

148

« *Heureux et tourmenté,*
toujours ce duel... »

148. Julien Green en 1928.

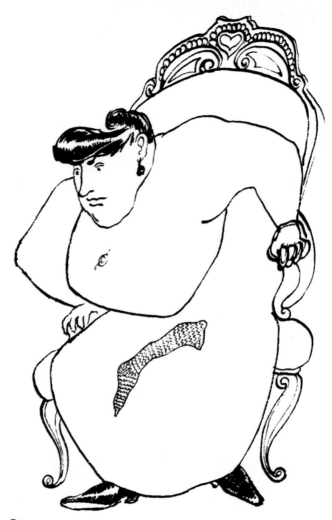

Qu'est-ce que tu oses dire? Mais qu'est-ce
que tu oses dire?

Nous –

Morestel.
Domène.
Domessin.
Noralaise.
Gonelin.
Gières.
Revel
Pariset
Rivier.
Sarcenas.
Corbel.
Linsol.
Claraford.
Trept.
Julie Maréchal
Mme Tanche

149 b

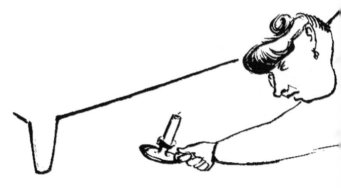

149 c

Elle avait des élans de piété lorsque tout allait bien

149 a, b, c, d. « *Pour mieux les voir je dessinais mes personnages dans les marges des manuscrits.* » Manuscrit de *Léviathan* et dessins de Julien Green.

149 d

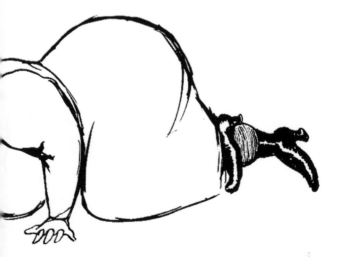

Elle ne manquait jamais de regarder sous son lit.

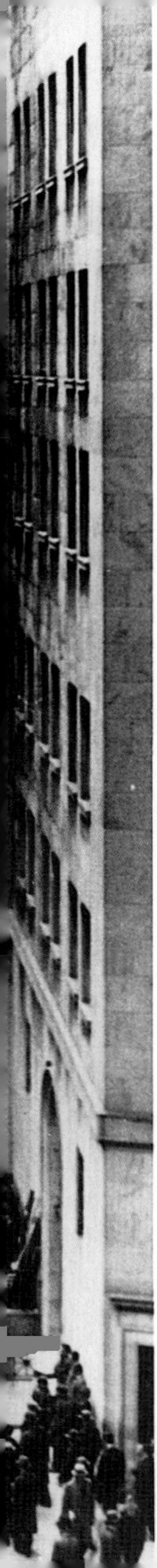

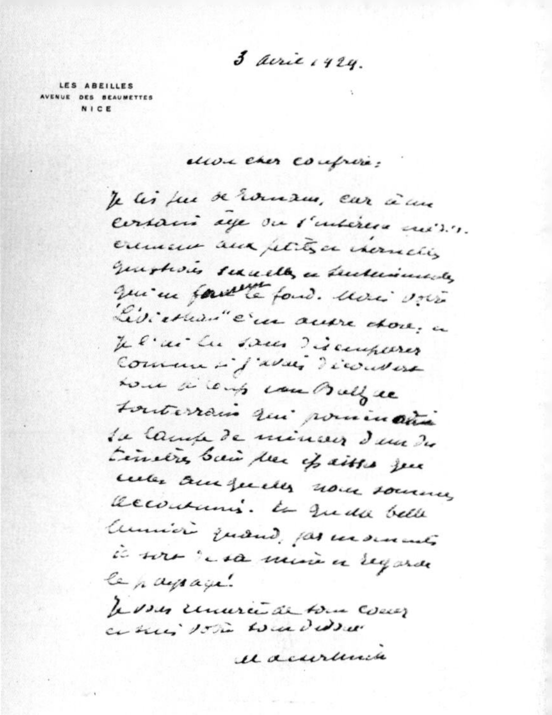

3 avril 1929.

LES ABEILLES
AVENUE DES BEAUMETTES
NICE

Mon cher confrère :

Je lis peu de romans, car à un certain âge on s'intéresse surtout aux petites anecdotes quotidiennes, sexuelles et sentimentales qui en font le fond. Mais votre "Léviathan" c'est autre chose ; et je l'ai lu sans désemparer comme si j'avais découvert tout à coup un Balzac souterrain qui prendrait la lampe de mineur dans des ténèbres bien plus épaisses que celles auxquelles nous sommes accoutumés. Et quelle belle lumière quand, par moments, il sort de sa mine et regarde le paysage !

Je vous remercie de tout cœur et suis votre tout dévoué

Maeterlinck

151

« *Le* Jeudi noir *à Wall Street. Deux prix américains considérables, notamment, s'envolèrent en monnaie de singe.* »

150. La foule aux abords de Wall Street le *jeudi noir* du krach boursier.

151. « *En quelques phrases Maeterlinck disait plus et mieux que les critiques.* » Lettre de Maeterlinck à J. Green, 3 avril 1929.

152

153

154

152. Franz Hessel (« *Le Jim de* Jules et Jim »).

153. Irène Kafka.

154. Josef Florian (« *le défenseur de Léon Bloy* »).

155. « *Quelques-uns de mes traducteurs : le fils de Wilde, la cousine de Kafka, le défenseur de Léon Bloy, et le Jim de Jules et Jim. J'ai eu le bonheur d'avoir de vrais écrivains si j'ajoute Sereni, T. S. Eliot, les sœurs Ocampo, etc.* » Vyvian Holland, le fils de Wilde.

**comédie
champs
élysées**

direction : louis jouvet
société du théâtre louis jouvet
société anonyme au capital de 450.000 f.

٠ ٠ siège social ٠ ٠
15, avenue montaigne - paris

▼

r. c. seine 220.753 b

téléphone : élysées 72-42

paris, le 28 décembre   1929

Monsieur Julien G R E E N
16 rue Cortambert

PARIS.

Monsieur,

Je viens de lire avec un très grand plaisir les
trois volumes que vous avez déjà publiés,et je ne résiste
pas à vous dire mon enthousiasme en ma qualité de lecteur,
mais je serais désireux de savoir,en tant que directeur de
théâtre,si vous n'avez jamais songé à écrire une pièce.On
me dit que non,et que vous serez le premier étonné de ma
demande,et qu'au surplus vos éclatantes qualités de romancier vous excluent du Théâtre.Ce n'est pas mon avis,et je
n'aurai de cesse de vous avoir entretenu sur ce sujet.

Ne voulez-vous pas me faire le plaisir d'une rencontre,à l'heure et au jour où vous le désirerez ? Si de
hasard vous n'avez pas encore vu "Amphitryon",la pièce de
Giraudoux,je me ferai un plaisir de mettre des places à
votre disposition,et nous pourrons bavarder pendant un en-
tracte.

Je vous dis ici,Monsieur,avec mes sentiments très
dévoués,mon admiration très cordiale.

louis jouvet

156

« *Jouvet m'écrivit régulièrement de 1929
à sa mort pour me réclamer sa pièce. Si
je l'avais écouté, j'aurais écrit vingt
pièces pour lui.* »

157

158

Pourquoi voyage-t-on ? Pour des raisons sexuelles. Dans le cas Green, pour fuir également le monde parisien qui ne l'amuse pas, au contraire d'un Proust. Mais, dans ce monde même, il a de grandes amitiés : la marquise de Lubersac, chez qui il passe souvent des vacances, les Noailles, le prince Pierre de Monaco… Cependant, il n'est pas intéressé par le jeu de la société et ne voit que ceux qu'il choisit, et surtout pas dans le monde officiel. C'est déjà un des très rares écrivains à refuser les colloques, les rencontres universitaires, même si les thèses sur son œuvre ne cessent de s'accumuler dès 1931 à travers le monde. Il refuse les doctorats *honoris causa*, les diplômes et

156. Lettre de Jouvet à J. Green, 28 décembre 1929.

157. Julien Green en 1930.

158. *« À cette époque il n'y avait personne sur la neige. »* Ski en Autriche à Innsbrück.

159

médailles. Et il ne changera pas. Les
rares décorations qui lui furent
décernées, il ne se les est jamais fait
remettre. Une des raisons person-
nelles du refus de la vie sociale réside alors dans sa vie secrète : Julien
Green préfère sa liberté et l'aventure
au singulier et au pluriel à des
conversations mondaines. À cette
époque, il quitte l'avenue Cortambert
pour l'avenue du Président-Wilson ;
sa sœur Anne commence à publier
chez leur cousin John MacRae, pro-
priétaire de la maison d'édition
Dutton, des romans légers et imper-
tinents qui auront un succès considérable : *The Selbys, Marietta, Reader I
Married him, Winchester House.* Elle est
également le *public-relations* de
Schiaparelli. Après une histoire

161. *Épaves.* Annonce du livre dans *Bibliographie de la France.*

162. «*Ma première Pléiade, l'ancêtre de celles d'aujourd'hui.*» *Les Clefs de la mort,* Éditions de la Pléiade/Schiffrin. Premier plat de couverture.

163. « *Tous les matins je travaillais. L'après-midi, c'était les distractions, sexuelles ou autres. J'étais toujours rentré et couché à onze heures.* » Photo de passeport américain, vers 1931.

d'amour malheureux, elle décide de se consacrer à son frère.

En mai 1930, *La N.R.F.* donne *L'Autre sommeil* avant que le livre paraisse chez Gallimard en janvier 1931, sous une couverture dessinée par André Malraux. De son côté, l'éditeur Schiffrin, fondateur de la « Bibliothèque de la Pléiade », publie *Les Clefs de la mort* aux Éditions de la Pléiade. *L'Autre sommeil* scandalise la critique qui le passe presque sous silence. À contre-courant, en mai

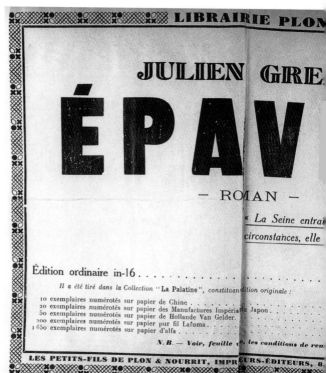

LIBRAIRIE PLON

JULIEN GRE

ÉPAV

— ROMAN —

« La Seine entrai

circonstances, elle

Édition ordinaire in-16 . . . .

*Il a été tiré dans la Collection "La Palatine", constituan*t *édition originale :*

10 exemplaires numérotés sur papier de Chine . . . .
20 exemplaires numérotés sur papier des Manufactures Impéria*le* du Japon . . .
50 exemplaires numérotés sur papier de Hollande Van Gelder. . . . .
200 exemplaires numérotés sur papier pur fil Lafuma . . . . .
1650 exemplaires numérotés sur papier d'alfa . . . . .

N.B. — *Voir, feuille* d*e*s *conditions de ren*

LES PETITS-FILS DE PLON & NOURRIT, IMPR*E*URS-ÉDITEURS, 8,

JULIEN GREEN

LES CLEFS
DE LA MORT

ÉDITIONS DE LA PLÉIADE
J. SCHIFFRIN, PARIS

162

araître le 12 avril :

S

os humain. Dans ces
lques allures solennelles. »

ONT.

. . . . 15 fr.

. (Tous souscrits). 150 fr.
. (Tous souscrits). 150 fr.
. (Tous souscrits). 100 fr.
lques exemplaires). 50 fr.
lques exemplaires). 25 fr.

ANCIÈRE, PARIS VI

163

1932, *Épaves* est un roman volontairement intérieur, le premier Nouveau
Roman en quelque sorte, à cette
différence capitale que, là, la psychologie est action, comme le voulait
Flaubert, et que la description réaliste
des intérieurs ou des objets est
inquiétante. Le tableau de ces bourgeois, attachés à leur vie convention-
nelle et confits dans leur égoïsme,
déplaît à la critique française, mais
Roger Martin du Gard, Crevel, Jaloux,
comprennent la portée de cette
œuvre « *révolutionnaire* » (Crevel) qui
plus tard inspirera Camus.

I.
Le fleuve.

9 Octobre 193

Comme il rentrait chez lui, un soir d'Octobre, ~~Philippe~~ Cléry fut témoin d'une scène sans grand intérêt, mais qui ~~longtemps~~ ~~lui~~ fit une impression singulière ~~et qui de longues années ne~~ ~~effacer~~ ~~tout~~

~~Il tournait le dos à la place de l'Alma et s'engageait dans la longue~~ avenue qui ~~borde~~ la Seine ~~jusqu'à~~ Grenelle, ~~c'été l'heure trouble où,~~ ~~passant~~ ~~quand~~ ~~de voir~~ ~~le bas.~~ À quelques pas ~~jusqu'à~~ Grenelle, quand le bruit d'une ~~dispute~~ ~~l'attira~~ ~~lui suivit le quai de~~ ~~Tokio depuis plusieurs minutes et regardait et~~ ~~Il~~ ~~n'ait le dos à la place de l'Alma~~ ~~et~~ longeait depuis quelques minutes les maisons qui bordent le quai de Tokio, quand ~~le~~ ~~le~~ bruit d'une ~~violente~~ dispute ~~l'attira~~ ~~de l'autre côté de la chaussée~~ lui fit tourner la tête vers le fleuve et il traversa la chaussée. ~~Le~~ ~~heure trouble la quai~~ ~~était désert et le jour qui se levait~~ ~~de~~ ~~s'éclairait de~~ ~~et le port était~~ ~~mais il n'y avait personne pas de réverbère le port et le pont le port les étaient~~ ~~bien éclairé trop mal~~ Les éclats de voix le guidèrent jusqu'au parapet ~~de pierre~~, mais il eut beau ~~se~~ pencher ~~le port était trop mal éclairé pour~~ ~~qu'il~~ ~~vit autre chose que le grand tas de sable et de brique, il ne vit~~ ~~rien autre le port que~~ ~~le grand tas de sable et de brique personne sur le~~ ~~port~~ il ne vit personne sur le port et se demanda si l'homme et la femme dont il distinguait les paroles ne se cachaient pas au pied du mur. L'idée de descendre ~~un petit escalier~~ ~~Ils marchaient assez vite.~~ ~~Il~~ ~~frappé par leur accent~~ L'idée lui vint de descendre le petit escalier de pierre ~~et de les rejoindre mais pour être~~ lui vint pour être écartée aussitôt. Le port désert et mal éclairé était sinistre. Il résolut de les suivre de haut du quai jusqu'au pont d'Iéna et d'avertir un ~~agent~~ sergent de ville ~~en~~ ~~chemin se gâtait~~ ~~puis ville la passerelle de Passy, il~~ ~~reviendraient et~~ ~~la~~ ~~retourne de l'ombre en longeant~~ ~~avant de disparaître sous l'ombre de métal~~ et les choses se gâtaient. Arrivés à la passerelle de Passy il quittèrent le mur et pour s'engager sur le port, et ~~Philippe~~ ~~se~~ pendant quelque instant ~~Elle marchait~~ à la ~~mêlée~~ ~~Elle~~ ~~boitait~~ était petite et boitait, ~~son corps~~ ~~ne~~ ~~chaque pas qu'il fait~~ ~~de fatigue~~ ~~rappelée de fatigue mais s'efforçait de marcher en tête~~ ~~et faisait un geste~~ et doublait le pas lorsqu'il avançait la main vers elle; cela ressemblait à une poursuite. ~~L'homme~~ ~~plus~~ ~~sur le port ne~~ ~~sur le haut~~ ~~portait le costume de forains~~ ~~paraissait rigoureux~~ ~~fait rigoureux~~ ~~et jeune~~ malgré ses épaules voûtées par l'âge ~~et quoiqu'il fît~~ ~~noir~~ ~~on distinguait qu'il ménageait et portait le costume de forains~~ ~~c'était~~ le plus banal des scènes de ménage, mais ~~elle avait pas~~ ~~la femme~~ ~~l'homme~~ ~~craignait~~ avait bu et à tout évidence la femme ~~redoutait~~ qu'il ne la jetât dans la Seine ~~pourrait~~ ~~attendre~~ pour cette raison elle rasait le mur et tremblait sans doute de ~~se~~ ~~précipiter~~ l'escalier qui la mènerait au quai. Lorsqu'ils reparurent de l'autre côté du pont, elle avait arraché le châle qui lui couvrait la tête et montrait un visage ~~blanc~~ et maigre ~~et~~ transfiguré par la haine et la peur : ~~la vulgarité~~ ~~traits~~ la ~~faim~~ ~~violence~~ ~~faite de ces deux sentiments, atténuaient la vulgarité~~ ~~enlevaient~~ enlevait à ~~sa~~ aux traits leur vulgarité naturelle et leur prêtait une sorte de beauté ~~sauvage~~ violente et presque théâtrale. ~~Philippe~~ ~~Cléry~~ comprit qu'elle allait crier et

164

« J'avais la même écriture que mon arrière-grand-père, mon grand-père et mon père. Voilà un test d'hérédité. »

Les séjours américains de Green deviennent de plus en plus fréquents dans ces années trente, où il sent l'irrésistible ascension de la guerre, alors qu'en France on croit encore à la Société des Nations et au dialogue avec l'Allemagne, si bien que Daladier et Chamberlain capituleront à Munich. Aux États-Unis, Green se lie avec Louis Bromfield, Carl van Vechten, retrouve ses amis d'Université, se rend sur la tombe de Hawthorne et parcourt les États du Nord et du Sud. D'un autre côté, vaguement attiré par le bouddhisme, il croit s'éloigner de plus en plus de l'Église, mais dans le même temps se met à apprendre l'hébreu pour pouvoir lire la Bible au plus près.

164. « J'avais la même écriture que mon arrière-grand-père, mon grand-père et mon père. Voilà un test d'hérédité. » Manuscrit d'Épaves.

165. « Les accords politiques ont en commun de démolir le Monde. Ici Munich, fin de la Paix. »

165

166. «*Avec Stoisy Sternheim. Je la voyais à Paris et en Allemagne. Nous prîmes ensemble cette photo en nous amusant, chez moi, 28, avenue Wilson.*» Double auto-portrait. À l'arrière-plan, Bérard par lui-même.

167

168

« *J'arrivais à New York pour Noël,* l'Empire State Building *était transformé en bouteille de champagne. Un feu d'artifice y fut tiré le 31 décembre à minuit, mais je n'en ai jamais vu de photos.* »

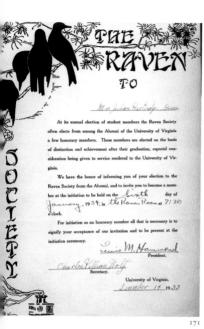

THE RAVEN
TO

Mr. Julian Hartridge Green

At its annual election of student members the Raven Society often elects from among the Alumni of the University of Virginia a few honorary members. These members are elected on the basis of distinction and achievement after their graduation, especial consideration being given to service rendered to the University of Virginia.

We have the honor of informing you of your election to the Raven Society from the Alumni, and to invite you to become a member at the initiation to be held on the *Sixth* day of *January*, 19 *34*, in *the Raven Room* at *7:30* o'clock.

For initiation as an honorary member all that is necessary is to signify your acceptance of our invitation and to be present at the initiation ceremony.

Lewis M. Hammond
President.

Charles Gilliam Bolt
Secretary.

University of Virginia.

December 14, 19 *33*

171

Double page précédente :

167. Vue de New York prise à l'arrivée du *Champlain*.

168. L'Empire State Building.

169. « *La nuit américaine brillait de toutes ses étoiles dont la plus célèbre : Greta Garbo.* »

170. « *Ceux qu'on aime ne meurent pas. Je n'ai jamais fait de détour pour rendre des visites posthumes, exception faite pour Hawthorne, Poe, De Quincey, Kleist, Shelley, Keats et Novalis, j'y ajoute le carré des musiciens au cimetière central à Vienne.* » Julien Green à Concord (Mass.) sur la tombe de Hawthorne.

171. « *Pour la seconde fois, l'Université me donnait la clef de la chambre d'Edgar Poe.* » Diplôme d'élection à The Raven Society de l'Université de Virginie, 14 décembre 1933.

172

173

172. « *Retour à l'Université. Rien n'avait bougé mais je n'étais plus le même.* » Julien Green sur le campus de l'Université de Virginie.

173. « *Avec Benton, je me sentais heureux. Cela se voit.* » Avec Benton Owen, en Virginie.

IV⁹ Nocturi

(en Ut mineur)

"Pas une note des valses ou des scottishes ne se perdait dans toute la
eut sa part de la fête et put rêver sur son grabat aux bonnes années d

Lent, très las et piano ♩ = 96

PIANO

pp

174

Simultanément, il met en chantier
Minuit, puis *Le Visionnaire*, pourtant
c'est ce dernier qu'il termine d'abord
et qui paraît en mai 1934. Comme
tous les livres de Green, l'œuvre
déconcerte. Gide est enthousiaste :
« *Cher ami, j'aime immodérément votre
livre. Tout m'y plaît, et non seulement les
personnages inquiétants, les troubles événements soit réels, soit imaginaires, et cette
extraordinaire surimpression d'un rêve fait
de tout ce que n'avait pu donner
l'insuffisante réalité — c'est-à-dire : le
sujet même de votre livre ; mais bien aussi
cette étrange et angoissante atmosphère,
toute chargée de mystique électricité ; et,
peut-être surtout, votre langue.* » Et il

FRANCIS POULENC

« bien que le malade
.... »
JULIEN GREEN
(LE VISIONNAIRE)

ajoutait en post-scriptum : « *Avez-vous lu* Le Procès *de Kafka ? C'est écrit pour vous, et si vous ne le lisez pas, qui le lira ?* » Ce que Gide ne savait pas dans son post-scriptum, c'est qu'à la même époque les Allemands appellent déjà Green le « *Kafka chrétien* », notant de nombreux points communs entre eux. Klaus Mann, par exemple : « *Cet Américain élevé en France écrit le français le plus clair, le plus musical et le plus transparent qu'on puisse imaginer. Et cependant il existe une curieuse ressemblance entre Green et Kafka, l'incroyable juif de Prague, que l'on a appelé "le roi secret de la prose allemande".* »

174. Partition du *IVe Nocturne* de Poulenc, inspiré du *Visionnaire.*

175. Manuscrit du *Visionnaire.*

Double page suivante :

176. « *Portrait par Van Vechten. Mon auréole est tombée dans la boue.* »

177 a, b. « *Une magnifique lettre de Gide, lecteur subtil à qui rien n'échappait. J'attendis longtemps pour suivre son conseil, mais le plus curieux est qu'à cette époque les Allemands m'avaient baptisé le Kafka chrétien.* » Lettre de Gide à J. Green sur *Le Visionnaire,* 28 juillet 1934.

Mon cher Green,

Comment vous dire ma joie? Votre *Visionnaire* dépasse et de beaucoup mon espérance. Mon attente était bizarrement, en raison de mon amitié, et je n'osais votre nouveau livre qu'avec .... crainte. J'ai beaucoup tardé à le lire. Dois-je ne rien avouer? J'attendais l'heure; oui, pour moi, lorsqu'il s'agit d'une œuvre littéraire, n'est jamais, ou que bien rarement, l'heure où .... au portant ce où "tout le monde" le lit. .... À la table je n'ai rien permis de ne lire que de l'allemand. Mais, hier, dimanche, me trouvant, j'ai fui par avoir le *Visionnaire* que j'avais emporté dans ma valise, et résolvais pour la consécration de ma cure; je n'ai pu tenir; le livre qu'admirable; tous vous aviez ... et ... la lecture, et avec grand art accompli.

Cher ami, j'aime immodérément votre livre. Tout m'y plaît; et non seulement les personnages épisodiques, les troubles événements très réels, vraisemblables, et ceux aussi bien marqués, mystérieux et ... vers fait de lire ce que n'aurait pu donner l'insuffisante réalité — c'est à dire: le mystère même de votre livre; mais bien aussi cette étrange et oppressante atmosphère toute chargée de ... électricité; et peut-être mieux, votre langue ... *Réflexions*, descriptions (merveilleux, celle du lieu du récit, p. 95) dialogues (combien j'aime j'ai fait ma nuit, p. 169) d'une justesse parfaite. Type parfait, dans ces admirablement écrit. Ils plaisent avec d'une ... sûre, d'une sobriété pleine, sans jamais aucune redondance et d'un contour qui me ... Il reste à chacune, et comme à la surface, un peu de cette joie que vous avez dû prendre à l'écrire, qui ...

m'enchante, me pénètre et que je partage aussitôt.

Écrivis passages (p. 182 — vous aurez ce que je veux dire) au ... de livre; et je n'ose avec j'assigne reconnaissance d'avoir osé les écrire. On en retour de semblables, au cours de livre, toujours m'y ..., et je suis certain de les admirables, et fit-ce là en eux dépendant.

Par cette gratitude j'ai peu pour notre certaine résistance trop voulu envers (les ... au ...) ..., si j'ose ainsi dire, autour au sujet de la mort, à la fin de tout le Ygenel. C'est ami que tous ..., que d'opposition au ..., ce qui me porte à tout aimer le vers de Mallarmé:

"La pensive souveraine calomniée, la mort."

Mais, comme il fallut, indispensablement, cette note d'effroi dans votre récit, je ne vous reproche là que, vous dis-je, un peu trop d'insistance peut-être; car ce que j'admirais partout ailleurs dans votre livre, c'est sa parfaite modération. Mais, à mon tour, j'insiste trop. Si, tel qu'il est, j'aime le *Visionnaire* au point de ne rien souhaiter rien modifier.

Et ce livre me fait vous aimer vous-même plus encore.

Mon cher Green, je vous embrasse avec une affection profonde.

André Gide

Avez-vous lu le *Procès* de Kafka? (N.R.F.) (C'est écrit pour vous;
et si vous ne le lisez pas, qui le lira?

« *Encore un jury. Cette fois les deux Julien (Cain et Green) votèrent pour Sartre qui publiait ses nouvelles, mais les autres jurés passèrent outre. Après ça, finis les jurys pour bibi !* »

De nouveau aux États-Unis pour presque une année, Green commence là-bas une histoire sur le Sud de la guerre de Sécession, *Les Pays lointains*, mais comme on lui dit qu'une journaliste d'Atlanta traite la même période dans un roman, il laisse de côté les chapitres déjà écrits et essaie d'oublier ce sujet que, pourtant, il avait déjà esquissé dans une première version de *Mont-Cinère*.

À l'époque, on l'invite à faire partie de plusieurs jurys, il s'y retrouve avec Léon-Paul Fargue, Jacques de Lacretelle, Bernanos, Paul Valéry, mais n'y reste pas longtemps. Sans doute partage-t-il cette vue de Colette : « *Ces moments d'aigreur et de chichis qu'on nomme réunion d'un jury...* » Magnus Hirschfeld lui réclame son *Journal* secret pour son Institut de recherches sur la sexualité. Gide lui conseille d'accepter, mais se garde bien de son côté de répondre à cette invitation. Heureusement, Green s'en garde aussi, car les nazis vont brûler les archives de l'Institut Hirschfeld, à Berlin, quelques mois plus tard sur les trottoirs de la Kurfürstendamm.

178. Jury du prix d'Alsace-Lorraine. Étaient notamment présents Giraudoux, Fargue, Porché, Green (tête baissée, au fond), Cain, Duhamel et Aymé.

179. Manuscrit des *Pays lointains*, 20 octobre 1934.

178

Les Pays lointains

5.   20 octobre 193

Sous les premières branches basses, elle s'arrêta. Son cœur battait si fort qu'el
à s'appuyer au tronc d'un des ~~arbres~~ chênes géants, qui faisaient la nuit autour d'elle
~~près de sa tête.~~ ~~Jamais~~ elle ~~Rarement~~ s'aventurait par ici après ~~la chute du jour~~ au crépuscule. Trop
histoires ~~lugubres~~ mélancoliques lui revenaient à l'esprit pour qu'elle se risquât d'ordinaire
à ces chênes ~~à verts~~ arbres noirs, quand le soleil ne brillait plus au ciel et que les
eaux de ~~neige~~ grise remuaient ~~doucement~~ dans la longue arène. ~~Jamais~~ les
~~ne s'était ne demeurait~~ jamais tout à fait immobile. Par les journées les plus chaudes, al
pas un souffle ne courait dans les herbes, on voyait ~~cette espèce de~~ l'étrange l'épi de ~~l'herbe~~ chevelure pâle
~~pendait~~ aux ~~branches~~ ramures ténébreuses, s'agiter étrangement, d'une façon étrange mais à peine
~~ne fasse changer~~ comme sous la ~~respiration de~~ l'haleine de bouches invisibles. Ce mouvement
~~aux yeux d'Elisabeth,~~ ce mouvement ~~exerçait le pouvoir~~ suivant l'heure, la jeu
~~sabeth~~ éprouvait une sensation d'apaisement à ~~ce quelle~~ une palpitation légère
~~parfois,~~ il semblait à Elisabeth que ce mouvement imperceptible ~~était~~ si léger qu
s'arrêtât pas. A certains moments, ~~Quelquefois,~~ Elisabeth observait ~~cette palpitatio~~ la
~~fois~~ et continue avec ~~une~~ un sentiment de quiétude ~~heureuse~~ et presque de joie,
~~signe par lequel une personne diffuse se faisait~~ ~~connaître un signe de bo~~ dans
~~perpétuelle cueille~~ un signe dont on ~~ne pouvait deviner~~ à croire entre elle et la
~~tout 2) que~~
~~En lui semblait que cette~~ plante mystérieuse que semait le vent à travers
~~de la terre du Sud,~~ il lui semblait les plantations, il lui semblait qu'elle
~~avait toute la terre du Sud.~~ Cette plante mystérieuse que sème le vent a

En février 1936, après la parution de *Minuit*, nouveau séjour aux États-Unis où il emporte une partie de sa bibliothèque et, pour le mettre à l'abri, le manuscrit de son Journal intégral. En avril 1937, Lucy Green meurt à Vence. Julien Green aura toujours plaint cette sœur qui ne s'adaptait guère au monde et pour qui il a une tendre affection. En mai 1938, Stefan Zweig l'invite à venir avec lui voir Freud à Londres, mais Julien Green ne veut pas que le psychanalyste lui explique comment et pourquoi il écrit, et il prend prétexte de son départ pour les États-Unis pour refuser. Il le regrettera. À sa place, Salvador Dalí rend visite à Freud en juillet et en fera un portrait prémonitoire.

« On étudia beaucoup mes mains. Pour les psy (chanalystes et chologues), j'étais un sujet et un objet. »

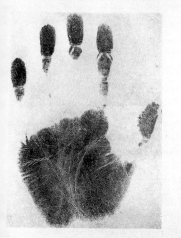

JULIEN GREEN

Left Hand

Right Han

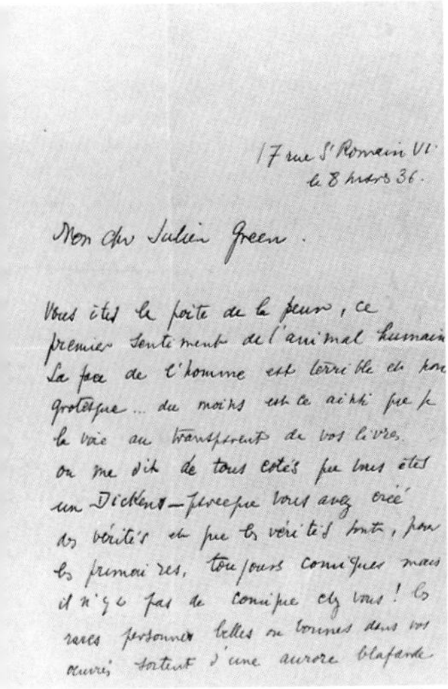

17 rue St Romain VI
le 8 mars 36.

Mon cher Julien Green,

181 a

Max Jacob

181 b

180. Dans *Studies in Hand-reading* par Dr Charlotte Wolff, préfacé par Aldous Huxley.

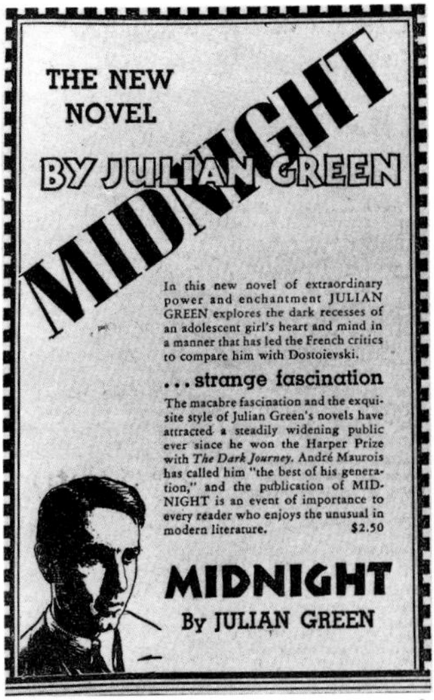

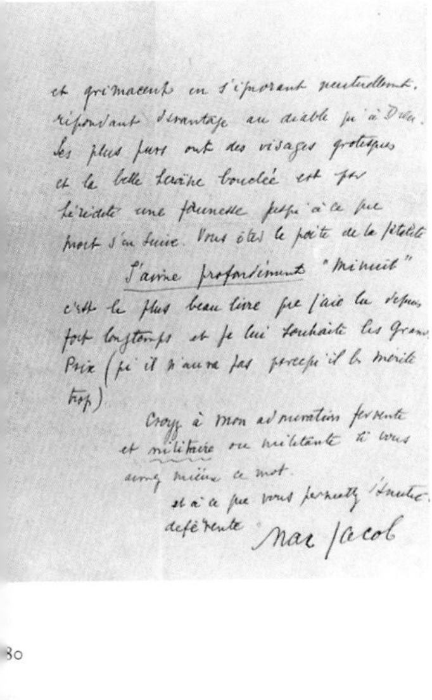

181 a, b. « *Lettre de Max Jacob. Avec d'autres mots que Gide, il découvrait le mystère d'un livre.* » Lettre à J. Green, 8 mars 1936.

182. Publicité américaine pour *Minuit* dans *The New York Herald Tribune*, 30 août 1936.

184. «*Hoyninghen Huene avait fait une série pour un magazine américain : les frères et sœurs célèbres. Me voici avec Anne qui battait les records de vente aux États-Unis avec ses premiers livres.*»

184

185-186. « Des dédicaces qui me font honneur, parmi d'autres… » Dédicaces de l'*Essai de critique indirecte* de Jean Cocteau, 1932, et du *Freud* de Stefan Zweig, 1932.

187. « Le château était le rendez-vous des courants d'air et des chauves-souris. » Au château de Monchy, chez la marquise de Lubersac.

188. « Avec Alberto Arduini dans les faubourgs de Rome, où seul le frascati était dangereux. »

185

186

188

CHAMBERLAIN ANNOUNCES BRITA

"All the News That's Fit to Print."

The New

NEWS INDEX, PAGE 21, THIS SECTION

VOL. LXXXVIII....No. 29,807

Entered as Second-Class Matter, Postoffice, New York, N. Y.

NEW YORK, S

BRITAIN AND FRANC

HITLER WON'T HA

CHAMBERLAIN C

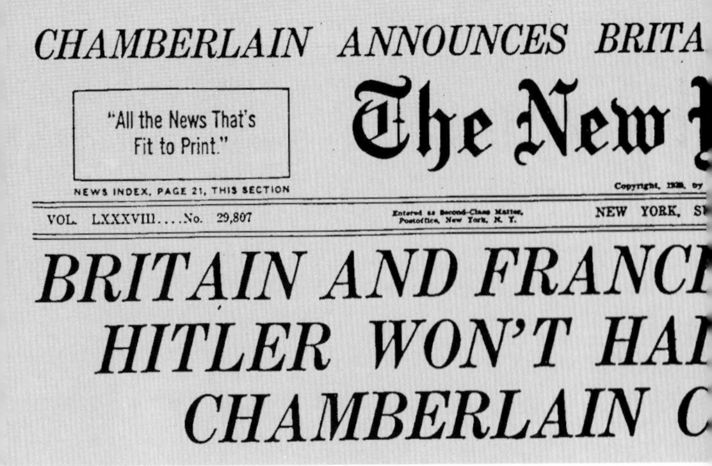

189

Sur les conseils de Bernard Grasset, en 1938 et en 1939, les deux premiers volumes de son *Journal* sont imprimés, alors que Julien Green repart une nouvelle fois pour les États-Unis d'où il envoie des articles au *Figaro* et à *Vu* sur l'Amérique devant la crise européenne. De 1939 date également son retour à l'Eglise, après une conversation avec un dominicain, le père Rzewuski.

Il se trouve à New York quand la guerre est déclarée, va chez son ami Jim passer l'automne en Virginie, revient en janvier 1940, *via* Gibraltar et Gênes. La drôle de guerre ressemblant de plus en plus à une invasion, en mai il gagne Pau, abandonnant son appartement parisien de l'avenue La Bourdonnais. La plupart de ses biens vont être sauvés par le beau-père de Robert de Saint Jean ; des photos, du linge, de la vaisselle,

189. « *La guerre vue de Washington.* » Annonce de la déclaration de guerre dans *The New York Times*, 3 septembre 1939.

190. L'un des articles de Julien Green pour *Vu* en 1940.

AT WAR WITH GERMANY

k Times.

Company.

MBER 3, 1939.

EXTRA
Generally fair, little change in temperature today. Tomorrow cloudy, showers in afternoon or night.
Temperatures Yesterday—Max., 80 ; Min., 64

Section
1

P

Including Rotogravure Picture Magazine and Book Review.

TEN CENTS

TWELVE CENTS Beyond 200 Miles Except in 7th and 8th Postal Zones.

WAR AT 6 A. M.;
ATTACK ON POLES;
LS EMPIRE TO FIGHT

AMÉRIQUE
1940

par Julien Green

« *Resté
aux États-Unis,
j'envoyais
des articles,
puis-je dire
prémonitoires...* »

l'état d'esprit d'un pays aussi vaste asi divers que l'Amérique est à peu impossible dans la période incertaine nous traversions. L'opinion de 130 mil- es et de femmes ne se laisse pas en- quelques phrases; elle est mouvante oire et ne parvient à se fixer qu'au- ques idées extrêmement simples dont les sont les plus puissantes. Vis à vis les sentiments diffèrent d'une personne ce point de vue, je puis prêt à croire lages d'opinion entrepris selon la mé- allup sont dans une certaine mesure abord parce que, les résultats à peine les les revirements sont possibles, en- que ces sondages, si consciencieux 'atteignent pas toujours tous les élé- population.

du Maine où Hawthorne aimait à se perdre et jouait à l'ermite. C'était là que le romancier amé- ricain s'enivrait de solitude, écoutant le chant nié- ditatif de la grive canadienne qu'on n'entend ja- mais que de loin, parce qu'elle fuit aux approches de l'homme et ne lance ses belles notes tranquilles que dans les profondeurs du silence. Tout en mar- chant sous les érables, j'essayais de me représenter ce que ce grand homme mystérieux eût éprouvé à la lecture d'un de nos journaux, car il semble bien que toute une Amérique intérieure ait battu des battements de ce cœur secret. Sans doute eût- il gardé pour lui le plus clair de cette pensée qu'il notait au vol. Cette coïncidence nous intrigue. Je ne prétends pas qu'il représente la race américaine dans ce qu'elle a de plus général — il était beaucoup trop de son temps, de sa ville et de sa famille pour cela, et il

190

181

des dessins furent pourtant subtilisés par la police française, mais la plupart des tableaux avaient été posés sur le sol sous des journaux, selon la bonne technique des Hollandais quand Napoléon exigeait les Rembrandt sur lesquels il marchait sans le savoir. L'Armistice le retrouve à Bordeaux ; Américain, il peut quitter la France, traverse

191. « Bordeaux, la confusion était extrême, reflet de la défaite mentale qu'une certaine France acceptait déjà, hélas ! » À Bordeaux : *L'Éxode – Juin 1940*, eau-forte de Charles Philippe.

l'Espagne franquiste, et, de Lisbonne, s'embarque pour l'Amérique en juillet. Au jour le jour, dans un petit carnet de moleskine noire, il tient le récit de cet effondrement du pays ; ce texte sur juin 1940, *La Fin d'un monde*, sera publié en 1991. À bord du bateau, il y a Jules Romains, les Lazareff, l'impératrice Zita, Elsa Schiaparelli…

192

192. « *À Lisbonne, je me souvins d'un camarade d'Université, Stettinius était devenu secrétaire d'État. Je téléphonai de l'ambassade et, de son côté, Walter Lippmann donna son appui pour que Robert puisse entrer aux États-Unis. Il était sur la liste noire allemande, à cause de ses articles.* » Stettinius, secrétaire d'État de Roosevelt.

European exiles who arrived last week to take up temporary residence in the U. S.: **Elsa Schiaparelli**, Parisian *couturière* (to lecture and get some clothes—she "hasn't a hat to her name"); **Madame Josef Beck**, wife of Poland's onetime Foreign Minister (now "somewhere in Rumania"); **ex-Empress Zita of Austria** and her youngest daughter, Archduchess Elisabeth (more ex-royal children to follow later); French Composer **Darius Milhaud** (*Le pauvre Matelot*) with his wife and 10-year-old son; Novelist **Julian**

Wide World
NOVELIST GREEN
Now there's too much pessimism for him.

Green (*The Closed Garden, The Dark Journey*), pessimistic Paris-born American who has preferred to spend most of his life in France, and now finds France actually too pessimistic for him; Novelist **Jules Romains**, author of the monumental super-novel, *Men of Good Will*, still unfinished after 18 volumes. Said Frenchman

TIME, July 29, 1940

193   194

184

Double page précédente :

193. « *La liste des passagers était publiée à l'arrivée. À New York on m'en voulait un peu de m'être expatrié comme Fitzgerald, et on me félicitait – avec ironie – de rentrer au bercail. À l'étonnement des grosses célébrités européennes, les journalistes ne s'intéressaient qu'à moi... Et à Anne restée encore en Espagne.* » Les « exilés européens ». Extrait du *Time*, 14 juillet 1940.

194. « *Vers les U.S.A. et la liberté.* » Sur le paquebot *Exochorda* vers les États-Unis, 1940.

195. « *Un des faux débuts de Varouna. Après quelques pages, je recommence plusieurs fois jusqu'à me sentir conduit par l'autre, Moi l'inconscient.* » Manuscrit de *Varouna*, 24 juin 1938.

196. « *Une pièce agressive, Jacobovsky and I. Un personnage laissait tomber un vase qui se brisait. "Comme la France", disait-il.* »

Après un court séjour à New York, il se retrouve à Baltimore chez sa cousine, Mrs George Weems Williams, descendante d'un frère de Washington, qui lui offre l'hospitalité pour toute la guerre. *Varouna,* paru en France juste avant la débâcle, est publié de nouveau en anglais, *Then Shall the Dust Return,* et en français à New York. Dans cette ville, Julien Green assiste à Broadway à une pièce où l'on se moque de la défaite française, *Jacobovsky and I.* Indigné, il écrit sur-le-champ en français, puis en anglais, un texte, *L'Honneur d'être français,* qui sera affiché par de Gaulle dans son bureau ; de son côté, Julien Green gardera sur lui, toute la durée de la guerre, *L'Appel du 18 juin.* Jusqu'à la fin de 1941 et les premiers mois de 1942, il fait des conférences dans divers collèges et universités d'un bout à l'autre de l'Amérique, à Princeton, Berkeley, Mills College, Goucher College notamment.

L'été 1942, « *Le Président Roosevelt à Julian Green, salut...* », c'est l'ordre de mobilisation comme sergent, alors qu'il était lieutenant depuis 1919, et il devient instructeur à Camp Ritchie. Il refuse les grades, car il a dépassé quarante ans et veut servir autrement. Finalement, c'est à New York, à l'*Office of War Information,* qu'il est envoyé. En tant qu'Américain, il parle aux Français pendant presque un an,

Michel
Ça fut Jeannot qui le trouva, une nuit qu'il se promenait dans les rochers
avec sa torche dont le vent lui rabattait la fumée sur le visage. Depuis sa petite
enfance il allait ainsi le long de la mer, quand l'orage engloutissait la lune et
les étoiles et que les grandes vagues noires et blanches sautaient en hurlant dans la
crique. Son père et ses deux oncles le suivaient à quelques pas de distance et lui
criaient d'aller à droite ou à gauche, ou de s'arrêter un court moment, et jamais
le pied du garçon ne glissait lui criaient à travers le tumulte des flots de se diriger
à droite ou à gauche, et bien que la pierre fût humide sous ses pieds nus, jamais
l'enfant ne glissait, car il connaissait la forme et l'emplacement de tous les monstres
de granit qui gardaient la côte, et il semblait qu'entre eux et lui, il y eût une affinité complicité
secrète.
    Parfois ils revenaient au bout d'une heure, lorsque le ciel s'apaisait, et le père
de Michel prenait son fils dans ses bras pour le porter tout endormi à la maison. Mais
il arrivait aussi qu'au plus fort de l'orage, l'enfant recevait l'ordre de jeter sa torche
et de se sauver. "Gare! Gare! lui criait-on. Voilà les hommes de la mer qui sortent
de l'eau!" Et il entendait, en effet, au vois dans des voix qui appelaient dans l'ombre
au large des voitures récifs. Alors il courait à toucher jamais sentait l'effroi hé-

197. «*Au large de Suffolk avec Saint-John Perse.*» Julien Green et Saint-John Perse.

198. «*On me demanda des conférences dans les plus célèbres collèges et universités (sauf la mienne, c'est ainsi). Ici à Mills Collège, avec Maurice Coindreau, qui parlait, lui, de Rabelais.*»

199. «*Pour la deuxième fois en uniforme.*» Julien Green, instructeur.

cinq fois la semaine, annoncé par André Breton: «*Ici la voix de l'Amérique. Vous allez entendre maintenant l'écrivain français de nationalité américaine, Julien Green, qui a servi pendant la Première Guerre mondiale dans les rangs de l'armée française. Il porte depuis lors l'uniforme américain, et nul n'est plus qualifié pour vous parler de l'Amérique en guerre. Voici Julien Green…*» En France, Gertrude Stein et Gide, entre autres, l'écouteront.

198

199

189

200

« *Breton*
m'annonçait,
Yul Brynner
était secrétaire
et Lazareff
dirigeait
le côté français.
Voilà bien
des "impossible
meetings",
mais
la meilleure
manière
de se connaître. »

201

200. André Breton.

201. Lazareff à New York,
pendant la guerre.

202. « *Au micro à l'O.W.I.*
Je n'aime pas cette photo, j'ai
l'air trop sûr de moi. »

À New York, la guerre semble sur une autre planète, la vie est heureuse et Julien Green y passe des années parmi les plus agréables de sa vie. Pas plus qu'à Paris, il ne fréquente les écrivains et limite à quelques personnes ses rapports avec la colonie française : Breton, Maritain, le Père Couturier, en Californie Maurice-Edgar Coindreau et les Darius Milhaud, et, dans sa famille à Baltimore, Dalí ou Carl Milles, le sculpteur.

Au sommaire des *Œuvres libres*, paraît *Quand nous habitions tous ensemble*, premier essai autobiographique sur son enfance. Mais Julien Green se dit qu'il vaut mieux écrire dans sa langue maternelle, puisqu'il est en pays anglo-saxon. *Memories of Happy Days* reçoit deux prix, en Amérique et en Angleterre, en octobre 1942. Son vieux professeur qui avait fait publier *The Apprentice Psychiatrist*, le Dr Metcalf, lui écrit après la lecture du livre : « *One would think it your native tongue as it is your ancestral. And I am sure you have inherited it, and enriched by your wide reading, from your Southern parents, especially from your dear Mother... I have great personal pride in your lucid, idiomatic style. I remember you once said to me, when you were a student here, that you wrote in French much better than you did in English. Well, if you still do — but I don't believe it !* »

203

203. « *Comment imaginer qu'on me décernerait un jour le prix Marcel Proust !* » Annonce d'une lecture de Julien Green pour The Baltimore French Relief Comitee.

204. « *Les souvenirs de mon Université venaient à ma rencontre. Un jour ils donneront Moïra.* » Lettre du professeur Metcalf à J. Green, 6 décembre 1942.

JOHN CALVIN METCALF
UNIVERSITY OF VIRGINIA
CHARLOTTESVILLE

December 6, 1942

Dear Julian Green,

I want to tell you how much I have enjoyed your "Memories of Happy Days" both for the matter and the manner. It is altogether a charming book which richly deserves the award of the Harper prize. Naturally I have been interested in the pleasing effectiveness of your English in this first book of yours written in that language. One would think it your native tongue, as it is your ancestral. And I am sure you have inherited it, enriched by your wide reading, from your Southern parents, especially from your dear Mother whose "daring fluency" in French must have been offset by her easy grace in English.

I have had pleasure in reviewing your book very briefly for a forthcoming number of the Virginia Quarterly Review. Miss Mildred Page has given me your present address, and I hasten to send you my greeting and affectionate remembrance.

With all good wishes,

Sincerely yours,

J.C. Metcalf

The New York T

Copyright, 1944, by The New York Times Company.

VOL. XCIII. No. 31,545.

NEW YORK, TUESDAY, JUNE 6, 1944.

ALLIED ARMIES LAND
IN THE HAVRE-CHERBO
GREAT INVASION IS U

ROOSEVELT SPEAKS

Says Rome's Fall Marks 'One Up and Two to Go' Among Axis Capitals

WARNS WAY IS HARD

Asks World to Give the Italians a Chance for Recovery

The text of President Roosevelt's address is on Page 3.

By CHARLES HURD

WASHINGTON, June 5—President Roosevelt hailed tonight the capture of Rome, first of the three major Axis capitals to fall, as a great achievement on the road toward total conquest of the Axis. Rome, he said, marked "one up and two to go."

The President spoke for a quarter-hour on the radio, as had been announced yesterday, but his speech was notable for its lack of hysteria. It was in no sense a speech of triumph, but rather tributes to the United Nations forces and leadership that drove the Germans from Rome.

With this tribute he combined

Conferees Accept Cabaret Tax Cut

By The Associated Press
WASHINGTON, June 5—A House-Senate conference committee agreed today to cut back the cabaret tax from 30 to 20 per cent, but eliminated a provision exempting service men and women from the levy.

The group decided to put the national debt limit at $260,000,-000,000 as originally requested by the Administration.

The action is subject to House and Senate votes. The conferees met informally today, but members said that the decisions probably would stand as their final recommendation.

The House, at the insistence of a group of Republicans, passed a bill raising the debt ceiling only from $210,000,000,000 to $240,-000,000,000. The Senate then put the figure at $260,000,000,000 and attached a rider reducing the cabaret tax from 30 to 20 per cent and exempting men and women in uniform from paying the tax on their checks.

Some tax experts argued that this exemption would make administration of the excise on night clubs impossible.

FEDERAL LAW HELD RULING INSURANCE

Supreme Court, 4-3, Decides Business Is Interstate and

PURSUIT ON IN ITALY

Allies Pass Rome, Cross Tiber as Foe Quits Bank Below City

PLANES JOIN IN CHASE

1,200 Vehicles Wrecked —Eighth Army Battles Into More Towns

By The Associated Press
ROME, June 5—The Allies' armored and motorized infantry roared through Rome today without pause and crossed the Tiber River and proceeded with the grim task of destroying the battered German armies fleeing to the north.

Fighter-bombers spearheaded the pursuit, jamming the escape highways with burning enemy transport and littering the fields with dead and wrecked Germans. The enemy was tired, disorganized and demoralized by the smashing punch which in twenty-five days had bottled a major catastrophe on the Germans and liberated Rome almost without damage.

Railway Yards Bombed

Five hundred American heavy bombers blasted railway yards at five points in northern Italy be-

FIRST ALLIED LANDING MADE ON SH

General Eisenhower's armies invaded northern France this morning. While the landing points were not specified, the Germans said that troops had gone ashore near Havre and that fight-

205

206

194

3.

6 A. M. EXTRA
Partly cloudy and warmer today;
moderate to fresh winds.
Temperature Yesterday—Max., 67; Min., 51

THREE CENTS NEW YORK CITY

FRANCE
G AREA;
ER WAY

RN EUROPE

EISENHOWER ACTS

U. S., British, Canadian
Troops Backed by
Sea, Air Forces

MONTGOMERY LEADS

Nazis Say Their Shock
Units Are Battling Our
Parachutists

Communique No. 1
On Allied Invasion

By Broadcast to THE NEW YORK TIMES.
LONDON, Tuesday, June 6.—
The Supreme Headquarters of
the Allied Expeditionary Force
issued this communiqué this
morning:
"Under the command of General Eisenhower, Allied naval
forces, supported by strong air
forces, began landing Allied
armies this morning on the
northern coast of France."
By RAYMOND DANIELL
By Cable to THE NEW YORK TIMES.
SUPREME HEADQUARTERS
ALLIED EXPEDITIONARY

also said that parachutists had
Normandy Peninsula (3) and
Calais and Dunkerque (3).

---

205. « Débarquement *appelé* invasion *aux États-Unis.
La joie sans phrase.* » « Une »
du *New York Times*, 6 juin
1944.

206. « Remerciements du gouverneur du Maryland pour mon
travail d'instructeur.* » *Certificate of Appreciation*, State of
Maryland.

Éditeur de Kafka, Trakl et
Hofmannsthal, réfugié aux États-Unis
depuis l'Anschluss, Kurt Wolff lui
demande s'il accepterait de travailler
avec un Allemand et de donner des
livres à sa maison *Pantheon* fondée
avec Schiffrin. Green lui offre d'abord
les traductions de Péguy, qui vont
s'étager entre 1942 et 1945, et Wolff,
devenu son éditeur (« *Un des plus
grands éditeurs que j'aie jamais connus* »),
publiera ses romans et son Journal.

La guerre s'achève. Julien Green a
hâte de retrouver Paris ; il s'embarque enfin en septembre 1945
pour l'Europe où il va découvrir Le
Havre en ruine, la vallée de la Seine
sans ponts ou presque, et Paris où
rancœurs et haines sont vives. Logé
au *California*, tout le monde vient lui
rendre visite et raconter à sa manière l'Occupation, la Résistance. Mais il
se méfie… sauf, bien sûr, de Gide et
de Gertrude Stein, inchangés : ils se
revoient avec émotion. Il fait également la connaissance de Camus en
qui il découvre un homme amical,
au-dessus de la mêlée, mais comme
toujours, Julien Green, très réservé,
ne se lie pas et ne reverra Camus que
de loin en loin par la suite.

Cherchant un appartement, il en
trouve un grâce à la marquise de
Lubersac, 52 *bis*, rue de Varenne,
c'est le dernier étage de l'hôtel de
Guébriant. Quelques mois plus tard,
paraît le troisième volume de son
Journal, puis, en juin 1947, le roman
qu'il avait imaginé dès 1920 à

Cher ami

Je ne prétends vous écrire ce matin
qu'un petit billet de ... mème : de
reconnaissance — et ceci soit dit dans
tous les sens que peut prendre ce mot.
Et d'abord joie de vous retrouver,
le même, et de sentir à neuf combien
est vive et "evergreen" ma déjà
vieille affection. Puis une sorte
de gratitude pour les pages que vous
êtes je viens de lire, dans ce livre
de vous que Jaß Dent m'a prêté
(n'est-ce pas merveilleux qu'il ait
pris précisément vos Memoirs of

Happy Days dans sa valise ?") Je n'ai pas encore lu tout
le livre ; assez stupidement, l'ouvrant au hasard, j'ai
commencé ma lecture au chap. XXVIII ; puis ai poursuivi
jusqu'à la fin, d'un trait, ravi et retenu par une
sorte d'attachement indéfinissable et soudain que je
n'ai jamais plus envie de vous revoir que lorsque je
viens de vous quitter — ou plutôt, soudain que je ne
vous ai quitté ni en apparence ni continué ma détente
avec vous. Simplicité, honnêteté profonde, naturel —
ces qualités qui nous (et aujourd'hui si rares !) que nous
goûtons si fort au Rutherford, je les retrouve
en vous, et m'y repose. (Dieu! que je ne vous fatigue
certains jours !) Et, en plus ... ah! tout ce que vous dites
de la création d'Adrienne Mesurat. "The author

207. Lettre d'André Gide à
J. Green, 26 mai 1946.

« Rentré à Paris, sans appartement, beaucoup de mes affaires volées, je retrouvais Gertrude Stein et Gide, les premiers. Et affectueux comme dans cette lettre de Gide. »

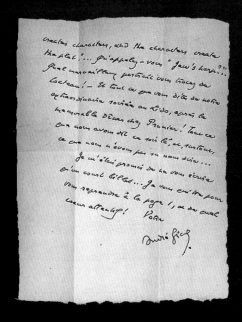

208

208. Gertrude Stein.

l'Université de Virginie, *Si j'étais vous* :
un jeune homme reçoit le pouvoir de
passer d'un être dans un autre,
comme pour fuir la mort et voler
l'éternité. Le livre sera analysé par
Mélanie Klein (*De l'identification*), car
les livres de Green fascinent toujours
les psychanalystes, de Stekel à Otto
Rank et Jung notamment.

I

L'auteur de ce roman fait preuve d'une pénétrante compréhension de l'inconscient ; c'est ce qui apparaît aussi bien dans la manière dont il dépeint les évènements et les personnages, que dans son choix — qui est pour nous d'un intérêt particulier — des êtres dans lesquels Fabien se projette. Mon intérêt pour la personnalité et les aventures de Fabien, en tant qu'elles illustrent quelques-unes des problèmes complexes et encore obscurs de l'identification projective, me conduisit à tenter une analyse de ce riche matériel presque comme si le héros était un patient.

Avant d'étudier l'identification projective, j'examinerai l'action que les processus de l'introjection et de la projection exercent l'un sur l'autre ; je pense qu'elle trouve elle aussi son illustration dans le roman. L'auteur décrit par exemple le besoin que ressent Fabien, malheureux, de regarder les étoiles. « Chaque fois qu'il regardait ainsi dans les avenues de la nuit, il lui semblait qu'il s'élevait doucement au-dessus du monde. [...] On eût dit qu'à force de promener la vue dans le vide, une sorte d'abîme se creusait en lui-même, répondant à ces vertigineuses profondeurs où l'imagination défaillait. » Cela signifie, selon moi, que Fabien regarde en même temps au loin et en lui-même ; qu'il absorbe le ciel et les étoiles, et en même temps, qu'il projette dans le ciel et les étoiles ses objets d'amour intérieurs et les bonnes parties de lui-même. J'interpréterais également son ardente contemplation des étoiles comme un effort pour reprendre ses bons objets qu'il sent perdus ou lointains.

209

209. « Je voulais lui écrire pour lui dire qu'elle avait vu juste, j'avais écarté la première fin et j'allais la rétablir. On me dit alors qu'elle était morte. » « De l'identification », étude de Mélanie Klein sur Si j'étais vous.

210. « Cocteau avait son couvert à la maison. Chaque fois qu'il débarquait, c'était fête. » Julien Green, Lise Deharme, Jean Cocteau et Max-Pol Fouchet.

210

À la même époque, les jésuites lui demandent un scénario sur la vie de saint Ignace. Cet *Iñigo* ne sera jamais tourné à la suite de mésententes avec Robert Bresson, le metteur en scène choisi, et restera dans les papiers de Green jusqu'à sa publication en « Pléiade ».

Dans ces années 1948 et 1949, Julien Green traverse de nouveau une violente crise intérieure. Rien ne transparaît alors dans le quatrième volume de son *Journal* (*L'Œil de l'ouragan*, 1943-1945) ni dans le volume qui suit en 1951 (*Le Revenant*, 1946-1950) et qui couvre cette période. Cependant, on sait qu'une partie reste inédite. Il finit aussi de traduire pour Wolff un dernier Péguy, *Le Mystère de la charité de Jeanne d'Arc*, et en même temps ne cesse de parcourir l'Europe, l'œil de son Leica toujours à l'affût. Ainsi, à Munich, il découvre *Le Faune Barberini* dans le sous-sol de la Glyptothek encore en ruine ; ses photos, parmi les premières en couleurs, deviendront des documents uniques.

Gide l'avait mis en garde en lui disant qu'il risquait de perdre son talent à la suite de son retour à l'Église et de rendre ainsi un mauvais service à la foi. La réponse est éclatante, Gide en convient : *Moïra*. Avec ce livre paru en juin, 1950 est une grande année pour Julien Green. Nouvelle tentative de Louis Jouvet qui, depuis 1929, lui demande d'écrire une pièce. « *Vos dialogues*

211. « *Quand je lus le livre en anglais, je reconnus ma jeunesse...* » Manuscrit de *Moïra*.

« Les plus grandes âmes sont capables des plus grands vices...»
Descartes. Discours, p. ... Gil
10 septembre « Les passions font toujours I. vivantes dans ceux qui y veulent
1948. renoncer » Pascal, éd. Brunschvicg, Hachette, p. 513.

Depuis un moment, ils se tenaient debout, à trois pas
l'un de l'autre, et ne bougeaient pas. Entre les doigts de Mr Dare
Mr Dare feignait de lire la lettre qu'on venait de lui
tendre, mais en réalité elle observait de coin de l'œil elle
et maintenant, du coin de l'œil, elle
observait l'inconnu. Sans bien savoir pourquoi, elle
éprouvait une gêne un sentiment de gêne à le regarder en
face, aussi préférait-elle à mode « Il a l'air honnête, se disait-
elle comme pour se rassurer, il a certainement l'air honnête. »

Le jeune homme dirigeait la vue par la fenêtre. Elle le
voyait de profil, le visage frappé par les rayons de
soleil couchant qui se glissaient entre les feuilles du sycomore, et
elle ne put s'empêcher de le trouver malgré elle il lui parut
beau, bien qu'il fût roux. C'était cela qui la troublait, cette
chevelure de flammes, et ce teint d'une blancheur laiteuse,
et elle se domina pour qu'il ne conçut pas l'espèce de répulsion
qu'il lui inspirait. par tous d'ailleurs si elle avait remarqué
la couleur de cheveux qu'il a remarqué
et le corps noirs.
Grand, un peu mince dans des vêtements qui ne par-
raissaient pas faits pour lui, il croisait les bras sur la poitrine
et regardait la rue d'un air de défi. A ses pieds, un sac
en cuir plein à craquer fendillé par un long usage,
était bourré de telle sorte qu'il avait pris la forme d'une
sphère dont le cuir se fendillait par endroits, était bourré
au point de ressembler à une sphère. Au bout d'un instant,
le jeune homme changea d'attitude, allongea une grande
main vers le sac qu'il déplaça de quelques centimètres sans bruit,
puis se redressant, enfonça le bout des doigts dans les
poches de son veston, les yeux au loin.
Du temps s'écoula encore.
Plusieurs minutes s'écoulèrent mais rien ne
laissait croire que Mr Dare eût achevé sa lecture, car elle
tenait toujours le papier entre ses doigts maigres et ne bou-
geait pas. « Je ne peux pourtant pas le renvoyer sans

LE VISAGE
DE MÉDUSE

PAR R.-M. ALBÉRÈS

Nous avons admis aujourd'hui parmi les « classiques » de notre temps ces écrivains dont l'œuvre est faite d'un vertige qui eût effrayé nos grands-parents, Kafka, Pirandello, Julien Green, Graham Greene. Nous avons accepté l'existence de la crainte et du tremblement, et donné droit de cité à l'angoisse dans une tradition littéraire qui depuis des siècles voulait être une lutte contre les puissances de l'ombre.

Sans doute, les circonstances nous y ont poussés. Mais une ambiance de peur et un monde menacé nous autorisaient-ils à accueillir si volontiers l'angoisse intérieure ? Car à mesure que le monde devenait apocalyptique, nous nous ouvrions davantage non pas seulement aux peintres de cette Apocalypse objective, mais à ceux qui la transposaient à l'intérieur de l'âme humaine. Quelle est cette valorisation de l'angoisse qui nous sert d'excuse et de peurs ?

Tout un public qui, il y a dix ans, jugeait « morbides » Kafka ou Julien Green, les accepte maintenant dans l'atmosphère familière de ses lectures. Il n'y a pas seulement là la pression de tragiques circonstances, mais, semblerait-il, une démission de la volonté humaine qui accepte d'être dépassée et dominée par des fatalités qui ne sont pas seulement extérieures.

Il semble que nous ayons vu renaître parmi nous l'ancienne obsession de la Fatalité, celle que la *Psychologie de l'Art* de Malraux fait peser sur les civilisations qui ne parviennent pas à croire que l'homme soit le roi de la nature.

Notre culture classique, faite tout entière d'opposition aux vertiges de la Fatalité, nous en avait donné une image simpliste qu'il était trop facile de conjurer ; nous en avions fait une simple Némésis extérieure, et nous découvrons aujourd'hui qu'elle est surtout un abîme intérieur, une paralysie de la conscience humaine, une dépossession de l'homme par un double qui s'introduit en lui et agit à sa place.

Franz Kafka

trait essentiel de ce que l'on a nommé, sans doute à tort, littérature de l'angoisse. L'angoisse ne serait-ce qu'une gêne, une question sans réponse ; la dépossession est une sorte de pourrissement par l'intérieur. Chez Kafka, chez Julien Green, l'homme n'est pas impuissant devant les circonstances, mais par l'effet d'un envoûtement qui pénètre en lui : « Une volonté supérieure à la mienne et par conséquent étrangère à la mienne présidait à ma vie, me retenant ici, m'envoyant là », avoue le Visionnaire de Julien Green, qui écrivait dans *Le Voyageur sur la Terre* : « J'ai quelquefois le sentiment qu'il y a derrière tout ce que je fais, derrière tout ce que je pense, toutes sortes de choses que je ne comprendrai jamais. » Tel est, plus récemment, le sortilège du dernier roman, *Moïra*, dont le titre ressuscite involontairement le Destin antique.

Nos héros littéraires deviennent des « possédés ». Le sens de leurs actes

ne leur appartient plus comme il leur appartenait aux époques humanistes. Qu'est-ce que l'homme de Kafka, sinon un être qui n'est plus maître du sens de ses actions ? Malraux lui-même ne pose-t-il pas le problème pascalien lorsqu'il oppose au fragile désir d'éternité de l'homme l'inéluctable mort par laquelle il n'y a plus personne pour justifier nos actes ?

La fiction littéraire s'est imposée, d'un étranger qui se glisse tortueusement dans l'homme et agit à sa place. N'a-t-on pas eu tort de ne voir qu'une simple relativisme de la Vérité dans la crise pirandellienne, qui eut en fin de compte un si grand retentissement, si redécouverte et oubliée soit-elle aujourd'hui ? Pirandello ne tremble pas seulement de voir la vérité se diviser en reflets contradictoires : il peint plus profondément l'envoûtement de l'homme par un « double » démoniaque qui le ronge : tel le héros de *Tutto per bene*, qui découvre, vingt ans plus tard, le personnage odieux de mari complaisant qu'il a été pour tout le monde sauf pour lui-même, qui est vaincu par cet incube, ou *Henri IV*, qui joue si bien de l'être qu'il a créé en feignant la folie, qu'il en reste prisonnier... Être prisonnier d'un autre, tel est le sentiment authentique de l'être possédé par la Fatalité. Adrienne Mesurat assassine son père pour s'évader d'elle-même, mais demeure prisonnière de cette étonnante claustromanie par laquelle Green a donné une obsédante image de la Fatalité.

R.-M. ALBÉRÈS.

(Lire la suite en 3ᵉ page.)

212

202

> « *Il y eut différentes éditions de poche à qui serait la plus suggestive pour l'époque.* »

SEX AND MORALITY IN A
SMALL-TOWN AMERICAN UNIVERSITY

ACE BOOKS
H295

2/6

MOIRA

Recommended
by the
Book Society

JULIAN GREEN

213

sont des dialogues de théâtre!» Cette fois, Green l'écoute. À Salzbourg où il passe la fin du printemps et tout l'été, Julien Green commence *Demain n'existe pas*, sur le tremblement de terre de Messine, puis l'abandonne au bout d'un acte pour *L'Étudiant roux* où il veut présenter le drame de *Moïra* sous un angle différent. Là encore, il s'arrête après les deux premiers actes. C'est souvent sa façon de travailler, laisser mûrir une œuvre en apparence abandonnée et reprise, parfois, des dizaines d'années plus tard.

212. «*Albérès, après les Allemands, découvrait mes affinités avec Kafka.*» *Le Figaro littéraire*, 7 octobre 1950.

213. *Moïra*. Premier plat de couverture du *paperback* américain.

Où en est-il de sa vie et de son œuvre à cinquante ans ? Toujours fidèle aux préceptes d'Érasme, il vit à l'écart de l'agitation, sans pour autant négliger ce qui se passe dans le monde — son *Journal* en fait foi —, mais il met la distance nécessaire entre lui et les événements pour les rendre à leur futilité. Il serait ainsi fascinant de comparer le travail de chaque jour, pièce ou roman, puisque chaque manuscrit est daté, avec le jour correspondant dans le *Journal* et les événements extérieurs qui y sont mentionnés ou tus, guerre froide, guerres en Indochine, en Algérie, etc.

215

1951 est une année d'événements personnels. En février, mort d'André Gide. « *Il est couché sur un petit lit de fer, les bouts des doigts joints... Dans la rue, à ma grande honte, j'ai pleuré. Cela m'a toujours surpris de voir à quel point je lui étais attaché...* »

À Copenhague, en mai, un coup de téléphone lui annonce qu'il est le premier lauréat du prix de Monaco ; il saura plus tard que le prince Pierre, dont la mère est américaine, a menacé de ne pas fonder le Prix s'il n'était pas décerné à Julien Green. Le jury s'incline. Pierre de Monaco dira à Anne Green qu'il était furieux de l'anti-américanisme de certains jurés.

Été à Taormina. Là, le tremblement de terre de Messine se change en guerre de Sécession : entendons-nous, *Demain n'existe pas* devient *Sud*.

214. « Sa maman disait : "il est brusque et bon". Pour Beethoven la bonté est le plus beau de tous les dons. » Éric Green, avec un merle sur la main.

215. « Jacques Maritain, ambassadeur de France près du Saint-Siège, m'aurait voulu pour assistant. Il eut un veto de Paris : je n'étais pas français. » Julien Green aux Thermes de Caracalla.

La pièce est terminée pendant l'hiver à Salzburg où Green réside souvent. Mais entre-temps, en août 1951, une seconde disparition le touche profondément : Jouvet meurt dans sa loge de l'*Athénée* après vingt-quatre heures de coma. Green avait de l'affection pour cet homme dont il partageait la foi et qui lui transmettait son amour du théâtre. Leur collaboration eût été un événement. Un an et demi plus tard, le 6 mars 1953, jour où l'on annonce la mort de Staline, *Sud* est joué à l'*Athénée-Louis Jouvet*. Succès immédiat. Cependant, l'hostilité des critiques à la mode, J.-J. Gautier et son complice Robert Kemp, suscite de très

216. *Sud* : caricature de Sennep parue dans *Le Figaro*, mars 1953.

217. Affiche pour *Sud* à l'*Athénée*, mars 1953.

ATHÉNÉE
THÉATRE LOUIS JOUVET
LES SPECTACLES ET PRODUCTIONS DE FRANCE
présentent

SUD

3 actes et 4 tableaux de
JULIEN GREEN
Mise en scène de **JEAN MERCURE**

AVEC , PAR ORDRE D'ENTRÉE EN SCÈNE

ANOUK AIMÉE	PIERRE VANECK
JEANNE PROVOST	ANNIE FARGUE
MICHEL ETCHEVERRY	SERGE LECOINTE
GEORGES AMINEL	CLAUDE JOLY
JACQUES MONOD	FRANÇOIS GUÉRIN
GISÈLE BAUCHÉ	SOUMAH MANGUÉ
GERMAINE DELBAT	CLAUDIE CAREN

Décors et costumes de **WAKHÉVITCH**

TOUS LES SOIRS A 21ʰ (SAUF LUNDIS)_MATINÉE DIMANCHES ET FÊTES A 15ʰ

217

vives réactions de Camus, de Montherlant, du Père Couturier, et les deux bonshommes ravalent leurs articles à la reprise de *Sud*. La pièce est jouée partout en Europe. En Allemagne et en Espagne, on escamote le rôle d'Eric MacClure et il n'est plus que le rival du lieutenant polonais dans le cœur des jeunes filles. Le drame d'amour d'un garçon pour un autre est écarté. Le prude Luxembourg interdit la pièce. Le censeur anglais n'autorise de représentations que dans les théâtres-clubs. Aussi certains théâtres deviennent clubs pour l'occasion. Le succès est très vif.

À Salzburg, en mai 1953, Julien Green commence un poème sensuel, en prose, *Idolino* ; puis, dans une villa au-dessus de Saint-Tropez, aux Hauts de Maleribes, écrit *L'Ennemi*, fruit d'une saison déchirée par les désirs violents d'un homme de cinquante ans qui semble en avoir à peine quarante. Cette lutte plonge la pièce dans une atmosphère à la Laclos, mais le drame est aussi spirituel. C'est là que l'auteur se livre le plus, autant que dans *Moïra* ou *Le Voyageur sur la terre*. Cependant, *L'Ennemi* ne remporte qu'un succès d'estime aux *Bouffes-Parisiens*, trop sérieux pour la frivolité parisienne, tandis que les critiques louent maintenant *Sud*. Ils agiront de même pour *L'Ennemi* lorsque sera donnée la troisième pièce.

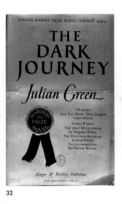

32. Harper Prize Novel 1929 pour *The Dark Journey*.

33. « *Le monstre, sans doute l'auteur !* » Premier plat de couverture d'une édition brésilienne de *Léviathan*.

34. « Minuit. *Couverture expressionniste à Berlin.* » Jaquette de l'édition allemande.

« "Tu ne songes pas sérieusement à mettre ça au salon !" *me dirent ma sœur et Robert de Saint Jean. J'aurais dû en faire à ma tête. Sans doute, en 1941, les biens d'un Américain auraient-ils été volés, le Courbet rejoignant ainsi ce qu'on m'a dérobé, un Dalí et mon portrait par Bérard, qui sont restés prudemment cachés depuis...* »

35

35. Tableau de Courbet.

36. Affiche pour *Le Visionnaire*.

37. « *Bérard avait bien vu que j'avais les yeux clairs.* » Portrait de Julien Green, par Christian Bérard.

211

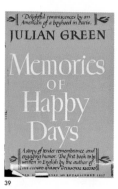

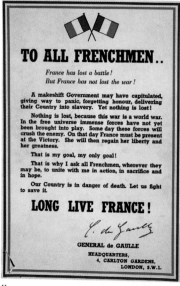

38. « Le Journal *parut simultanément en français et en anglais.* » Premier plat de couverture de *Personal Record* 1928-1939.

39. « *Succès immédiat. Prix aux États-Unis, prix en Angleterre.* » Premier plat de couverture de *Memories of Happy Days.*

40. « *Kurt Wolff (éditeur de Trakl, Kafka, Musil, de Ver Sacrum, etc.) me demanda si j'acceptais de travailler avec un Allemand. Pour l'aider aussitôt, avant de finir le roman auquel je travaillais, je proposais de faire connaître Péguy aux Américains. Il choisit les textes avec moi et il y eut quatre livres, de nombreuses éditions. Ma sœur Anne participa à la traduction de la prose, je gardais les poèmes.* » Premier plat de couverture de Charles Péguy, *The Mystery of the Charity of Joan of Arc*, traduction de Julian Green.

41. « *Ne me quitta pas de toute la guerre.* » « To all Frenchmen… », version anglaise de l'appel du général de Gaulle.

42. « *Ma réaction fut d'autant plus vive que les Américains ont toujours profondément aimé la France, moi le premier.* » L'Honneur d'être français, de Julien Green. Tiré à part. *Pour la Victoire*, 7 avril 1943.

L'Honneur
d'être Français

IL EST TEMPS de parler de cet honneur-là, de crainte que les Français eux-mêmes ne finissent par l'oublier, car voici bientôt vingt-deux mois qu'on les entretient journellement de leur déchéance, et dans l'extrême confusion d'esprit qui règne parmi les nations depuis que la France bâillonnée n'a plus voix au chapitre, les idées les plus simples sont perdues de vue comme de grandes entités retenues prisonnières dans des îles lointaines. L'une de ces idées est que tous, tant que nous sommes, nous devons à la France quelque bien temporel ou spirituel. On a honte d'avoir à faire le rappel d'une vérité aussi évidente, mais il semble que depuis le 17 juin 1940, le monde ait été frappé d'amnésie.

Pendant des siècles, la France a été celle qui donne, et elle a été celle-là qui donne le savoir. Elle a donné sans compter, elle a donné simplement en étant la France. On lui prenait ceci et cela, et elle se vengeait en donnant plus qu'on ne lui avait pris. Dans sa tête et dans son cœur, il y en avait toujours plus qu'on n'avait cru; il y en avait pour tout le monde. Il y en avait pour les voleurs comme pour les mendiants, et il y en avait pour les gens d'affaires qui signent des reçus, mais ces reçus, elle s'en moquait bien, la France. Elle inventait quelque chose et le voisin lui dérobait cette invention avec la pensée que cela pourrait servir quelque jour à tuer l'inventeur. Mais la France n'y prenait pas garde. Elle inventait autre chose avec cette folle désinvolture qui menait tant de fois aux portes de la mort. Elle était comme Saint Louis qui se laissait tailler les franges d'or de son vêtement sous la table et ne demandait pas qu'on lui en fit un reçu, car un reçu, que voulez-vous qu'un roi en fasse?

Quand pour loger son Dieu elle fit une maison où le ciel nocturne semblait pouvoir tenir à l'aise avec toutes ses étoiles, tant la nef était haute et large l'abside, la chrétienté entière se couvrit de maisons semblables. Et quand, au plus fort d'une de ces grandes impatiences, elle voulait détruire un monde, il suffit qu'un petit officier français s'assît à un clavecin pour donner aux nations le chant de ralliement de toutes les colères. Même dans l'erreur, elle est inexplicablement la première. Sa place est toujours un peu en avant des autres, elle se trompe comme d'autres s'oseraient point se tromper, qui risqueraient d'en mourir. Elle va jusqu'au bout d'une grâce, jusqu'au bout d'une prière, jusqu'au bout d'une folie. Ses plus grandes fautes sont des fautes d'excès et sa mesure est une victoire sur la turbulence de son génie.

Maintenant, elle expie le forfait d'avoir été trop belle. Il y avait des siècles qu'on la guettait pour la mettre dans l'état où nous la voyons. Elle gênait. Sa fortune était une insulte à l'envie. Dans les dernières années du XIIIème siècle, un empereur germanique, qui s'appelait par hasard Adolf, tourna les yeux vers la France. Il serait bien exact de dire qu'il les tenait fixés sur la France comme les avaient fixés avec lui des générations de barbares mal satisfaits de leur Germanie. Adolf de Nassau louchait donc sur certaines provinces de France, et pour voir si l'on aurait peu et s'il pourrait avec un ultimatum faire l'économie d'une guerre, il fit savoir à Philippe le Bel qu'il ent à lui donner des territoires et qu'en particulier il cédât Valenciennes. Le roi de France prit alors un vaste parchemin et, au grand effroi des défaitistes de l'époque qui tremblaient déjà d'un violent désir de capitulation et de collaboration, il traça ces deux mots: "Trop allemand." Telle fut la réponse de la France à l'Allemagne en cette circonstance. Telle sera toujours la réponse de la vraie France à l'éter-

nelle convoitise de l'Allemagne. Et l'histoire nous dit que l'Adolf de ce temps-là trouva plus sage de rester chez lui.

Aujourd'hui, nous voyons la France humiliée de telle sorte qu'il est permis de se demander si cette humiliation n'est pas à la mesure de sa grandeur. Peut-être, en effet, la grandeur se paie-t-elle de ces catastrophes, peut-être est-elle attirée-t-elle comme pour s'en revêtir et s'en couronner. Nous qui vivons dans le relatif, comment saurions-nous ce qui se passe dans l'absolu? Il se peut que le malheur de la France soit le signe de son élection et que ceux qui parlent d'une langue si délice du châtiment de la France touchent sans le savoir à un mystère qui les convira quelque jour d'une grande confusion. Les chrétiens savent bien que la souffrance est une des marques de l'amour, et si maintenant la place de la France est au Calvaire, je ne vois pas que sa gloire en soit diminuée. Elle est là sous les huées allemandes et il est assez apparent qu'elle a trouvé son Judas, mais malheur à ceux qui l'auront bouniée!

Que les nations s'inclinent devant elle, qui ne veulent point patir dans leur ame, car les trésors spirituels du monde sont pour une large part cette les mains de celle que Dieu a tant aimée. Elle qui apprenait aujourd'hui que sa vraie grandeur n'était pas une grandeur de chair, elle saura demain nous montrer la voie. Car nous ne verrons pas toujours triompher la médiocrité en armes. "Veilleur, où en est la nuit?" Depuis des années, les peuples posent cette question anxieuse et la nuit dure encore, mais qui ne sait que l'aube s'annonce d'abord par un redoublement de ténèbres, et qu'il faut que l'obscurité soit parfaite avant que le jour n'effleure le sommet des collines?

Julien Green

Ce texte de Julien Green—publié par Pour La Victoire—mis en page et édité par Adolphe Demilly—récité par Elisabeth Gauld, du Conservatoire National de Paris—a été offert en souvenir à l'occasion du premier anniversaire du Salon Français à New York le 7 Avril 1943.

43. « *Rue de Varenne, j'habitais dans les arbres.* » Autoportrait.

44. « *Poucet. Il avait tout juste un mois quand il est entré dans ma vie. Indépendant comme pas un, ravissant, mauvais garçon affectueux, toujours à l'affût de coups à faire et d'idées, il s'entendait parfaitement avec Éric. Sans allusion.* » Poucet, le chat de Julien Green.

45. « *C'était, en réalité, mon premier roman. Je l'avais raconté à mon ami Jim en janvier 1920 sur une route de Virginie, au clair de lune, dans un décor pour Poe.* » L'une des huit aquarelles inédites de Christian Bérard pour *Si j'étais vous*.

46. « *Pendant les communiqués fin 40 et en 41, je me mis à faire de la tapisserie, sans plan comme pour mes romans. J'inventais une licorne à ma façon et le tapis de fleurs. Si la guerre avait duré, j'aurais fait tout le cycle et concurrencé la tapisserie de Bayeux…* » Tapisserie à la licorne de Julien Green.

43

44

45

47

49

50

47. « *Aux Arts et Métiers. Je lui ai posé la question :* "Qu'est-ce que c'est, un automate ?" *Réponse :* "L'homme sans Dieu". »

48. « *Dans la Glyptothek en ruine, rien ne semblait troubler son sommeil voluptueux.* » Le Faune Barberini à la Glyptothek de Munich.

49. Affiche pour *La Dame de pique*.

50. « *Éric prit cette photo à Delphes, en me disant :* "ça servira un jour pour un livre." *Voilà !* » Premier plat de couverture de *Jeunesse*.

51. « *On me dit qu'il s'agissait de chanteurs anglais célèbres, arrêtés pour port illégal de drogue...* » Premier plat de couverture pour *Le Malfaiteur* dans le « Le Livre de poche », 1979.

52. « *Couverture arrangée d'après une de mes photos. Si j'avais su que je serais mon personnage !* » Premier plat de couverture pour une édition espagnole de *Chaque homme dans sa nuit*.

48

52

julien green - jacques maritain
une grande amitié
correspondance 1926-1972

■■ idées/gallimard

53. « *À Persépolis. Nous étions seuls et le fûmes plus encore à Pasargades, à Nach e Rostem, à Bam : quatre mois plus tard, c'était la Révolution.* » Julien Green à Persépolis.

56

57

54. *Une Grande amitié*, correspondance Julien Green-Jacques Maritain, en poche chez Gallimard.

55. « *Ghislain de Diesbach et Catherine Blanchard, deux amis fidèles depuis des lustres. Le cœur et l'esprit, tous les deux.* » Julien Green avec Catherine Blanchard à Dijon en novembre 1983.

56. « *Avec Madame Walter Nigg, promenade près de Zurich. Nous ne parlions que de l'essentiel, la Charité.* » Septembre 1980.

57. Julien Green avec Ghislain de Diesbach rue Vaneau en septembre 1982.

58

59

60

61

62

58. « Le Langage et son double : *Julian et Julien.* » Premier plat de couverture.

59. Affiche pour une représentation allemande de *L'Automate.*

60. « *Gourmelin donne ici un résumé de notre vie : nous sommes aveugles et condamnés au silence sur nous-mêmes. Enfin, souvent. Mais ce n'est pas à moi, l'autobiographe, de dire ça.* » Couverture de Gourmelin pour l'édition française de *L'Apprenti psychiatre.*

61. « *Sud en Hollande. L'affiche plut à tous les jeunes. Je n'ajouterai pas "et pour cause"...* » Affiche.

62. « *Dans un musée, je ne regarde qu'une ou deux toiles par visite, ça me suffit grandement et je reviens, et je refais en mon esprit un autre musée où ne reste que ce que j'aime.* » Julien Green, en 1982 à Berlin, au Brücke-Museum.

63. « *J'ai parcouru l'Italie partout où le Poverello avait été et j'ai eu le sentiment d'être guidé.* » Julien Green sortant de la cathédrale d'Assise.

64. Julien Green en 1985

65. Premier plat de couverture pour l'édition illustrée de *Frère François*.

66. « *La porte dans le mur des jardins franciscains, à Assise, me fait penser à l'histoire de Wells où la porte entrevue pendant toute son existence par le personnage est celle du Paradis.* »

63

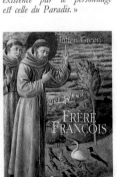

65

Page suivante :
67. « *Comme d'habitude, je rêvais.* » Julien Green au *San Francesco* de Grenade en 1979.

66

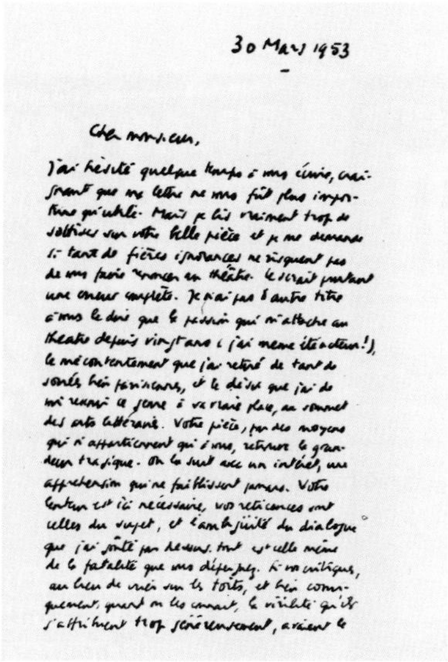

30 Mars 1953

Cher monsieur,

J'ai hésité quelque temps à vous écrire, craignant que ma lettre ne vous fût plus importune qu'utile. Mais je lis vraiment trop de sottises sur votre belle pièce et je me demande si tant de fières ignorances ne risquent pas de vous faire renoncer au théâtre. Ce serait pourtant une erreur complète. Je n'ai pas d'autre titre à vous le dire que la passion qui m'attache au théâtre depuis vingt ans (j'ai même été acteur!), le mécontentement que j'ai retiré de tant de soirées bien parisiennes, et le désir que j'ai de voir revenir ce genre à sa vraie place, au sommet des arts littéraires. Votre pièce, par des moyens qui n'appartiennent qu'à vous, retrouve la grandeur tragique. On la suit avec un intérêt, une appréhension qui ne faiblissent jamais. Votre lenteur est ici nécessaire, vos réticences sont celles du sujet, et l'ambiguïté du dialogue que j'ai goûtée par dessus tout est celle même de la fatalité que vous dépeignez. Si vos critiques, au lieu de crier sur les toits, et bien complaisamment, quand on les connaît, la virilité qu'ils s'attribuent trop généreusement, avaient le

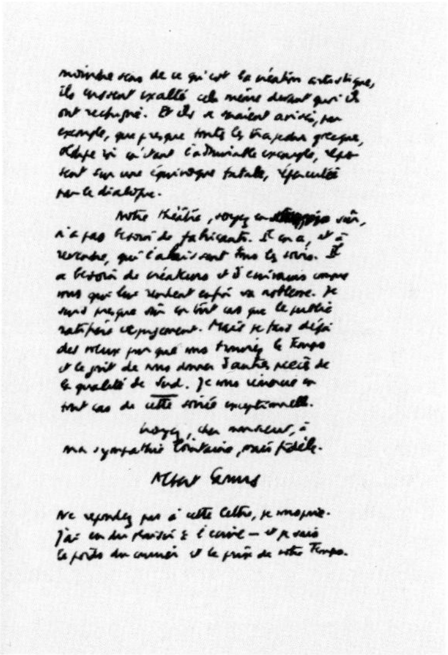

moindre sens de ce qu'est la création artistique, ils auraient exalté cela même devant quoi ils ont rechigné. Et ils auraient appris, par exemple, que presque toutes les tragédies grecques, Œdipe roi en étant l'admirable exemple, reposent sur une équivoque fatale, répercutée par le dialogue.

Notre théâtre, croyez-en mon avis, n'a pas besoin de fabricants. Il en a, et à revendre, qui l'abâtardissent tous les soirs. Il a besoin de créateurs et d'écrivains comme vous qui lui rendent enfin sa noblesse. Je suis presque sûr en tout cas que le public ratifiera ce jugement. Mais je tenais déjà à vous dire pour que vous trouviez le temps et le goût de nous donner d'autres pièces de la qualité de Sud. Je vous remercie en tout cas de cette soirée exceptionnelle.

Croyez, cher monsieur, à ma sympathie lointaine, mais fidèle.

Albert Camus

Ne répondez pas à cette lettre, je vous prie. J'ai eu du plaisir à l'écrire — et je sauve la peine du courrier et la perte de votre temps.

« Lettre de Camus, indigné par la critique parisienne qu'il eut aussi à subir. »

218. Lettre d'Albert Camus à J. Green à propos de *Sud*, 30 mars 1953.

219. L'Ennemi. Affiche des
Bouffes-Parisiens, 1954.

220. L'Ombre. Affiche du
Théâtre Antoine, 1956.

Ces années cinquante, Green fuit
Paris le plus possible. Ses voyages
sont entrecoupés de publications :
Le Miroir intérieur (Journal VI) ; *Le
Malfaiteur,* écrit depuis 1948 et qui
paraîtra en 1956 tronqué de la
confession du personnage principal,
sur les conseils prudents de Robert
de Saint Jean (« *Il est un frein pour
vous* », lui disait Gide) ; enfin, sa troisième pièce, *L'Ombre.* Ces titres
reflètent une vie tourmentée.
D'autre part, *Sud, L'Ennemi, L'Ombre*
ont un lien commun, l'irruption
d'un inconnu qui vient d'ailleurs et
dérange la vie des autres protago-
nistes, et toutes trois analysent le
crépuscule d'une société, la France

d'avant la Révolution, le Sud d'avant la Sécession, l'Angleterre victorienne et la fin d'une ère matérialiste. La rébellion des héros les mène au désastre individuel tandis que s'annonce une catastrophe générale.

1954 verra la mort d'un ami très proche, le Père Couturier, dominicain qui, pour Green, représente l'Église mystique et humaine, à l'image du Christ. Mais sans qu'on puisse remplacer une amitié, une autre amitié se noue, l'abbé Louis Cognet, du collège de Juilly, apporte avec lui le monde de Pascal et de Port-Royal. Il sera d'ailleurs à l'origine de la pièce de Montherlant.

La politique envahit peu à peu la vie quotidienne, mais elle ne compte pas pour Green qui la trouve dégradante. « *Vous êtes apolitique, restez-le,* lui écrivait Gide. *C'est vous qui avez raison.* » Et Green poursuit une œuvre dérangeante, car intemporelle. Pourtant, dans son *Journal,* on le découvre attentif à l'exploitation de l'homme, à la misère morale et physique, aux lois absurdes de la société, et toujours hostile à la guerre. À travers ses nombreux voyages, sa recherche du et des plaisirs, il n'a cessé de suivre sa voie, ce qui est pour l'écrivain une manière d'arrêter le soleil, c'est-à-dire arrêter la mort. Son œuvre pourrait avoir pour titre général : « À la recherche du paradis perdu ».

À ce moment, en 1956, il décide de tout bouleverser, de changer sa vie, renoncer au monde du plaisir, revenir à la source du christianisme pur en le vivant, la rigueur de son enfance protestante corrigeant le laxisme des catholiques. On ne triche pas avec Dieu. D'après les confidences de l'auteur, si l'on sait lire son *Journal*, la libération ne se fit pas sans lutte. Quoi qu'il en soit, les livres écrits de 1956 à 1958 semblent plus heureux : *Le Bel aujourd'hui* (*Journal* VII), *Chaque homme dans sa nuit*, qui ouvre une brèche de lumière dans le monde obscur du romancier. Dans ce roman publié en 1960 et aussitôt traduit en de nombreuses langues, on peut deviner sa vie et ses expériences, malgré les détours romanesques et le labyrinthe inventé par un créateur pour perdre son identité. En pleine force de l'âge et toujours jeune (si bien que Morand dit qu'il se débarrasse de ses rides sur ses personnages, Dorian Gray d'un nouveau style), il entreprend son autobiographie par une rage de tout dire sur soi-même. Il avait déjà essayé en 1923 pour son ami Ted Delano, mais, cette fois, il veut retrouver le ton direct des cas freudiens. C'est à Ramatuelle, dans la maison de Gérard Philipe, où il passe ses vacances avec sa sœur Anne et son fils adoptif Éric, qu'il en écrit les premiers chapitres.

En 1960, Léonard Keigel lui demande pendant l'hiver de revoir le scenario qu'il a tiré de *Léviathan* et d'en faire les dialogues. Tourné en

221

221. « *Éric Green. Depuis* Les Mauvais Anges, *ses livres dérangent, et le charme personnel aggrave* "le choc et le malaise" *que R.-M. Albérès avait décrit dans* Combat. »

222. « *J'irritais Jouhandeau, mais il m'aimait bien et je garde précieusement les livres qu'il m'a envoyés.* » Dédicace de Jouhandeau à J. Green de la *Correspondance avec André Gide*, 5 février 1958.

222

double version (anglaise-française), en noir et blanc, avec Louis Jourdan, Lili Palmer, Marie Laforêt et Madeleine Robinson, ce film à contre-courant sort en 1962, soutenu par *Les Cahiers du Cinéma* ; il déconcerte par sa rigueur et son lyrisme.

À cette époque, Julien Green acquiert une maison à Faverolles, *L'Ancien Presbytère*, où, en route pour Guernesey et l'exil, Victor Hugo s'est caché quelques jours et a placé dans *Les Misérables* l'épisode de Jean Valjean et de Mgr Myriel. Le premier volume de l'*Autobiographie*, *Partir avant le jour*, en 1963, raconte l'enfance, la mort de la mère, la conversion, il est suivi l'année d'après par *Mille chemins ouverts*, sur la guerre de 14.

Pendant des vacances de neige en Suisse, son fils et lui adaptent librement *La Dame de Pique* de Pouchkine et en écrivent les dialogues. En noir et blanc, l'histoire est tournée par Léonard Keigel avec Dita Parlo, vedette de *La Grande illusion* qui revient ainsi au cinéma. Ce film d'auteur, à l'opposé de la mode commerciale, sort en 1965. Julien Green prend goût au cinéma et, toujours avec son fils, se lance en 1965 dans une adaptation de *La Mort d'Ivan Ilytch*. C'est une façon de rendre hommage à un auteur qui a marqué sa jeunesse, mais, malgré le nom de Tolstoï et de Green, et l'appui d'André Malraux, ministre des

Double page précédente :
223. « Film hors du temps,
dur et fidèle. » Léviathan,
scène du film de Léonard
Keigel avec Louis Jourdan et
Lili Palmer.

Affaires culturelles, malgré l'intérêt de
producteurs d'Europe centrale, le film
ne sera pas monté.

Terre lointaine, troisième volet autobiographique, sur ses années à
l'Université en Virginie, paraît en
février 1966. L'histoire de Mark et
Julian va provoquer un nombreux
courrier, l'Autobiographie fait désormais figure de classique. Elle ne res-
semble à aucune autre, par son accent
de vérité, sa simplicité et son humour.
Green hésite alors entre la poursuivre
ou revenir au roman. Pour contenter à
la fois lui-même et son double, il fera
les deux avec, dans l'intervalle, *Vers
l'invisible*, huitième volume d'un *Journal*
qui approche désormais le demi-siècle.

On s'aperçoit, à suivre ainsi la vie

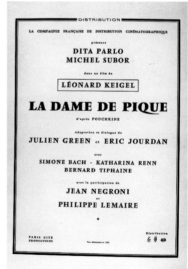

de l'auteur, que les œuvres sont prati-
quement les seuls jalons d'une
existence qui ne donne prise à aucun
envahissement extérieur, à aucune
manifestation officielle : Green est
volontairement en retrait, sauf dans les
deux guerres en 1916 et en 1940, mais
sa vie se trahit dans Wilfred de *Chaque
homme dans sa nuit*, Joseph Day de
Moïra, le lieutenant polonais de *Sud*.
Autant de projections inconscientes
ou partielles de ses sentiments et de
ses révoltes. Toute médaille a son
revers : bien que ses livres soient traduits dans la plupart des langues et
qu'il soit considéré comme l'un des
écrivains majeurs du siècle, le grand
public le connaît peu, puisqu'il refuse
la télévision.

224. Affiche de *La Dame
de pique*, 1965.

225. « *Phi Beta Kappa, une
des plus renommées des frater-
nités universitaires des États-
Unis, a mis longtemps pour
m'accueillir. Il est vrai que je
les avais snobés en 1919.* »

Phi Beta Kappa
Founded December 5, 1776

This Writing Certifies That

Julian Hartridge Green

Was made a member of ΦBK by action of the

Beta of Virginia at the University of Virginia
March 22, 1965

in recognition of high attainments in liberal scholarship

In Witness Whereof, the President and the Secretary
of the Chapter have hereunto affixed their signatures

Lewis M. Hammond
President

Roy Land
Secretary

L'agitation de Mai 68 ne l'étonne pas du tout, contrairement aux intellectuels. Très curieusement, il se trouve mêlé de façon indirecte à la première explosion. L'un des étudiants arrêtés place de la Sorbonne venait de lui rendre visite, car il faisait sa thèse sur son œuvre. « *Un avocat à la Cour d'Appel m'a téléphoné pour me dire que Jean Clément, président des étudiants catholiques, âgé de vingt-deux ans, était à Fresnes, en cellule, pour avoir fait le geste, dit un policier, de ramasser une pierre. Jean Clément nie avoir fait le geste dont on l'accuse. Il est isolé à Fresnes avec trois autres étudiants, condamnés à deux mois de prison ferme. C'est à lui et aux trois autres que les quinze ou vingt mille étudiants font bruyamment allusion quand ils hurlent pendant des heures : "Libérez nos camarades !" Aussitôt, j'ai demandé un droit de visite et me porte garant…* » La visite est refusée, mais vingt-quatre heures plus tard, les étudiants pourtant remis en liberté provisoire, Mai 68 est déclenché. On sait comment cela tournera court en juin.

En ce même mois de juin, justement, Julien Green reçoit à Reggio di Calabria le prix Ibico Reggino pour son Autobiographie, spécialement *Mille chemins ouverts* où il raconte sa guerre en Italie.

Les deux ans qui suivent sont occupés par le travail et les voyages, intrinsèquement liés : le nouveau roman, *L'Autre*, a pour théâtre Copenhague, tandis que plusieurs

— Mais il n'y aura peut-être pas la guerre, Henrik.
— Si. J'ai entendu parler cet homme tout à l'heure. Je comprends bien l'allemand. La guerre est là.
— Vous avez peur ?
— Oui, j'ai peur. Peur pour vous.
— Vous m'aimez, Henrik. Vous n'avez plus peur de moi.

J'ai peur de beaucoup de choses. J'ai peur de ce que Dieu va faire. Avec une sorte de violence dont je ne fus pas maître, je m'écartai un instant de lui, et nous marchâmes en silence. Je réprimai comme je le pus le désir de crier que Dieu n'existait pas et le cœur me battit avec force. Il me paraissait trop clair que Henrik venait de me livrer le secret principal de sa vie, cela épouvanté devant un fantôme qu'il appelait Dieu. Des arguments irréfutables me vinrent à l'esprit, mais je préférai me taire et mon indignation ma colère tomba aussitôt.

Il ne répondit pas. J'aurais voulu m'attarder avec lui dans ce décor un peu sombre que formaient les sapins. Il me semblait que là, il aurait pu me se livrer à moi, mais je craignais aussi ce qu'il pourrait avoir à me dire. Ce peu je savais de ses scrupules religieux me hérissait. Je n'admettais pas qu'un être humain nourrit en lui le

projets, notamment la suite de l'Autobiographie, incitent l'auteur à revoir l'Europe centrale. De novembre 1969 à novembre 1970, « cette année, il y a comme une rafale qui fauche les vivants », la liste « des derniers passagers tombés à la mer » s'allonge : Emilio Terry, Marie-Laure de Noailles, Bernard Barbey, Mauriac, Giono et, pour finir, de Gaulle. Mais surtout, en août, un ami des plus chers, l'abbé Louis Cognet meurt à la fin d'une conférence, alors même qu'il disait : « Il est temps de conclure ».

L'Autre reçoit un accueil chaleureux : cent mille exemplaires en quelques semaines et même succès à l'étranger. Seule la presse danoise

226. « La première version est restée inédite d'un bout à l'autre. » Manuscrit inédit de L'Autre.

227

« Jefferson Society. Pour moi ça compte... »

227. Diplôme de membre.

fait la fine bouche, ce qui amuse Green et prouve la vérité de l'histoire se passant à Copenhague, avant, pendant et après la guerre de 40. Son éditeur danois va jusqu'à prétendre qu'il a inventé l'église au clocher en spirale.

Puis Maurice Genevoix lui demande d'accepter de succéder à Mauriac à l'Académie française. Green, très réticent, oppose sa nationalité américaine. Mais on cherche à abattre cet obstacle et on essaie en vain de divers côtés de trouver les raisons d'une double nationalité. Il n'y en a aucune, Julien Green a refusé la nationalité française à dix-huit ans à la mairie du XVIe, en renouvelant sa qualité de citoyen des États-Unis. C'est donc un Américain qui est élu le 3 juin par une (rare) élection de maréchal. Malgré l'hostilité de sa sœur et de son fils, il est touché par la courtoisie des académiciens de cette époque, qui pour lui n'ont pas respecté leurs statuts, mais il mettra un an et demi à écrire son discours, pensum qui, hélas, prend la place d'une autre œuvre.

À la fin de l'été, pour cause de spéculation sur le terrain, on détruit une partie de l'hôtel de Guébriant ; pendant deux ans, Julien Green va habiter une demeure balzacienne, aile en ruine, étages vides, cour envahie d'herbes. Les premières « Pléiade » de ses *Œuvres complètes* paraissent, le tome I en janvier, le tome II en octobre 1972. À un ami, Jean Denoël, qui lui a dit : « *Il y a des gens qui doutent que vous existiez, car on ne vous voit nulle part et vous n'acceptez pas d'invitations* », Julien Green envoie ce court billet, après la réception en novembre sous la Coupole : « *Cher Jean, je suis comme vos amis, je doute cette fois moi-même de mon existence.* »

À la recherche d'un appartement introuvable, Paris étant en pleine crise immobilière, il envisage de s'installer à Berlin dont son fils lui vante les forêts, quand, à cent

228. « *Une amitié de toute une vie.* » Chez François Mauriac.

228

mètres de la rue de Varenne, un
appartement lui est proposé sur
Matignon, rue Vaneau, non loin de
la maison de Gide. Le 28 avril 1973,
Jacques Maritain meurt à Toulouse.
« *On ne comprend pas d'un coup les
mauvaises nouvelles. Le cœur n'en veut
pas...* »

À peine le déménagement fait,
Green repart pour Freiburg recevoir le prix des Universités aléma-
niques (Hamburg, Freiburg, Salzburg, Strasbourg). Commence pour
« le voyageur sur la terre » une
décennie de voyages de plus en
plus longs. Tout voir, tout admirer,
tout comprendre : ce qui est publié

dans le *Journal* n'en livre qu'une partie. À Vienne, il fait un discours sur la liberté (*Liberté chérie*), dans la salle du palais Lobkowitz, où *L'Eroica* donnée pour la première fois, Beethoven se plaignit de l'acoustique.

Faverolles vendu, il songe maintenant à s'établir en Autriche, mais ne se résout pas à quitter définitivement Paris. Les « Pléiade » se succèdent, tome III en 1973, IV en 1975. *Jeunesse*, quatrième volume de l'Autobiographie, publié par Plon en mai 1974, raconte le retour de l'Université, les débuts d'écrivain, et Green poursuit le récit de sa vie, donnant des fragments en préface à diverses rééditions de ses premiers livres.

Comme il débarque d'Irlande, on le prie littéralement d'accepter le prix Marcel Proust, connaissant son peu d'attirance pour ce genre de mondanités. « *Je ne suis pas de ceux qui peuvent dire Marcel* », prononcera-t-il en guise de remerciements.

Julien Green a le don de ne pas faire ce qu'on attend de lui (il alla à contre-courant du succès après *Adrienne Mesurat* et *Léviathan* en donnant *L'Autre sommeil,* qui choqua les hypocrites, et *Épaves,* qui déplut aux bourgeois). Cette fois, en 1976, la surprise est un conte pour enfants, *La Nuit des fantômes,* où, sous couleur de divertissement, se cachent des questions essentielles.

232. «*Avec Marcel Jullian, au moment de* Julien Green *en liberté, nous parlions à cœur ouvert...*» Julien Green et Marcel Jullian, invités de Jacques Marchandise, P.-D.G. de Hachette.

Il parcourt en 1977 le Pays de Galles, terre de ses ancêtres paternels. Là, il a l'idée d'un livre sur les poètes tels qu'en eux-mêmes la jeunesse les garde, *Jeunesse immortelle* (toujours inédit). La cinquième «Pléiade», en janvier, est suivie en septembre par *Le Mauvais lieu*, un retour vers les sombres romans de ses débuts. L'ordre bourgeois y est malmené par un humour glacial, à l'anglaise. En même temps, il prend de plus en plus ses distances avec l'Église française, qu'elle soit conciliaire, intégriste, traditionaliste ou à la mode gauchisante. Les querelles ne l'intéressent pas. Très attaché à Paul VI par leur ami commun Jacques Maritain, il reste d'abord ultramontain. Comment un Américain serait-il gallican ? Non pas pour s'expliquer, mais pour dire clairement ce qu'il croit, il donne alors une courte autobiographie spirituelle, *Ce qu'il faut d'amour à l'homme*, qui se termine par la déclaration de foi la plus nette. La couverture est explicite : la cathédrale de Paris sombrant au milieu d'un vol de corbeaux. Le livre est passé sous silence par la presse bien-pensante de tous bords, mais Paul VI envoie à l'auteur sa bénédiction personnelle. Parallèlement, dégoûté par le climat politique qui installe de plus en plus son affairisme, Green achève *Demain n'existe pas*, pièce pessimiste sur une fin de monde possible. Le tremblement de terre de Messine, resurgissant de son enfance, nous livre hors du temps l'image de la catastrophe finale. Fellini ne fera pas autre chose dans *Prova d'orchestra*, quelques années plus tard. *Demain n'existe pas* est écrit dans l'été 1979, au cours d'un voyage vers le pôle Nord.

Éternel voyageur, et jusqu'en 1987 photographe, Green veut voir maintenant ce qu'il ne connaît pas : Cordoue et l'Andalousie en avril et mai, le Spitzberg et le nord de la Norvège en juillet, en automne le Portugal. Dalí lui demande la préface de sa rétrospective à Beaubourg pour la mi-décembre. Le texte commence curieusement : « *C'est Lénine qui m'a fait connaître Dalí…* » En réalité, c'était Bérard, et Anne Green avait eu l'idée du Zodiaque, groupant douze personnes pour sortir Dalí de ses problèmes financiers : les Noailles, Julien Green, Faucigny-Lucinge, entre autres. En retour, Dalí faisait choisir à chacun un tableau selon le mois tiré au sort. Dalí, ravi de la préface de Julien, lui envoie un dessin.

Quelques semaines plus tard, le 31 décembre 1979, meurt Anne Green. « *Dans l'éloignement d'une longue absence, il me semble que je la vois mieux qu'aux jours où nous vivions ensemble. Ce que j'admire le plus en elle c'est sa fidélité aux rêves de l'enfance.* » Depuis 1970, c'est la petite marche funèbre qui accompagne toute vie, le monde des amis devient une peau de chagrin et, maintenant, la famille se réduit à son fils et à de très lointains petits cousins américains.

Une nouvelle pièce est écrite dans les premiers mois de 1980. *L'Automate* se passe dans une atmosphère de guerre froide, de manifestations et d'athéisme militant. Mais on le sait depuis Max Stirner, « *les athées sont de pieuses gens* », et le drame devient celui du doute de l'athée en proie à cette nouvelle forme d'inquiétude : *ne plus croire au néant* !

Ce printemps-là, en Ombrie, Green rêve d'écrire un François

d'Assise, François étant le second prénom choisi lors de son baptême catholique. L'abbé Omer Englebert, lui-même auteur d'une vie sur le saint, l'encourage : « *Vous êtes laïc, vous, vous n'avez aucune contrainte, ce ne sera pas une hagiographie...* » Et les documents d'arriver de tous côtés, mais Julien Green hésite à entreprendre un tel travail. En novembre, à la suite de trop de voyages, il est opéré du ménisque par le professeur Robert Judet. Un mois et demi plus tard, opération, rééducation ne sont plus qu'un souvenir.

Après cinquante-six ans chez le même éditeur, en 1981 la rupture avec Plon est consommée. Entraîné par son fils à Berlin, Julien Green y retourne en mai, pour la première fois depuis cinquante ans ; il aura presque aussitôt une de ces intuitions dont il est coutumier : il voit la chute du mur. On le plaisante sur cette vision, mais il affirme que ce sera fini bien avant la fin du siècle. De même, l'élection présidentielle française, plus proche, lui donne raison : « *La France va devoir choisir entre un homme dont elle ne veut plus et un homme dont elle ne veut pas. La foule est versatile, je parie pour le changement.* » « *Sans commentaire* », comme il écrit dans son *Journal.* Ce dernier, malgré des titres heureux (*La Terre est si belle, La Lumière du monde, L'Arc-en-ciel*), témoigne d'une inquiétude totale pour l'avenir de la race humaine.

Le complexe grégaire, la disparition programmée de toute individualité, la montée du politiquement correct, l'uniformité dans la création, les petites guerres comme celles des Malouines, l'intolérance qui fait tache d'huile, tout concourt à cette vision pessimiste.

En contrepoint, *Frère François*, en 1983, est l'aboutissement d'une évolution venant de *Chaque homme dans sa nuit* et de *L'Autre*, mais cette fois la catharsis est complète. Livre d'historien, *Frère François* enthousiasme de Fernand Braudel à Raphaël Brown, recenseur de toutes les œuvres et thèses sur le franciscanisme, et aux bénédictins italiens, spécialistes de l'époque médiévale.

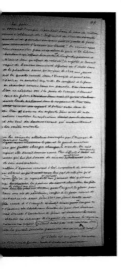

« *Avec Éric à Bâle.*
Je venais de terminer
Frère François
et sur un mur,
cette inscription :
"Vive François
d'Assise, patron
des anarchistes." »

Le succès est mondial. *Frère François* inaugure des œuvres où le bonheur a la première place. Le premier de ces livres heureux est un portrait de *Paris*. Green y joint aux pages écrites pendant la guerre aux États-Unis la vision qu'il a de l'immortalité de sa ville natale et décrit des lieux détruits et oubliés. Sa « *cantine* » militaire qui avait été entreposée en 1946 chez un ami lui est rapportée : des manuscrits revoient le jour, notamment les *Histoires de vertige*, nouvelles écrites la plupart dans les années vingt, à l'Université de Virginie. À ces histoires sont ajoutés *L'Apprenti psychiatre* et d'autres récits de 1933 et de 1956.

233. « *Le livre que je voulais écrire et qui m'a été* donné. » Manuscrit en partie inédit de *Frère François.*

234. « *Avec Éric à Bâle. Je venais de terminer* Frère François *et sur un mur, cette inscription :* "Vive François d'Assise, patron des anarchistes." » Julien et Éric Green à Bâle.

Pendant l'hiver, par scrupule, Julien Green brûle des papiers de jeunesse où se trouvait une partie de son Journal de 1919 et de 1924. Heureusement, son fils sauve le reste et soustrait ainsi *Idolino* à cet holocauste.

Cependant, de ses nombreux voyages depuis sa jeunesse, il a rapporté un ensemble impressionnant de photos et les réunit autour d'un thème, *Villes*, par ordre alphabétique, d'Arc-et-Senans à Zug. Paraît en même temps un essai, *Le Langage et son double*; ces textes bilingues révèlent un Julien Green se traduisant d'une langue dans l'autre selon les circonstances, et choisissant indifféremment l'anglais ou le français. C'est l'un des rares écrivains avec Nabokov à avoir ce don. Cela nous vaut entre autres textes des réflexions sur le langage, le phénomène de l'identité, le pouvoir des mots, la pensée et l'instinct, et les pièges de la traduction amplifiant l'incommunicabilité entre les êtres.

Pendant deux années, Green s'éloigne de Paris, du courrier, du téléphone, de tout ce qui nuit à l'atmosphère du rêve nécessaire au romancier. S'impose à lui maintenant le sujet qui ne le quitte pas depuis sa jeunesse, le Sud de ses parents, tel qu'il l'a connu pendant sa vie d'étudiant, et avec la découverte de ce nouveau monde la découverte de l'amour. Le manuscrit va l'accompagner à Berlin, en Écos-

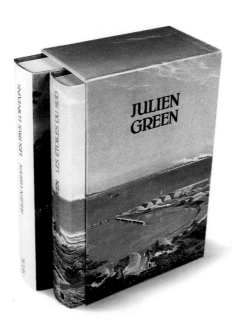

se, en Italie, en Autriche, et devenir un bagage de plus en plus volumineux. À Paris, la bibliothèque de son grand-père, trop importante pour le suivre dans ses voyages, lui réserve les documents historiques incomparables, lui permettant de montrer un Sud loin des clichés que la mentalité européenne, française surtout, a tiré des yeux de la menteuse patentée, Mrs Beecher Stowe. Le réalisme magique dont on a qualifié certains romans de Green se retrouve dans *Les Pays lointains*. Ce n'est pas le Sud des écrivains améri-

235. *Les Pays lointains* et *Les Étoiles du Sud*, édition sous étui.

« Sud à Bochum. Scène entre le lieutenant
polonais et Jimmy, une scène déchirante
entre l'homme qui se confie à celui
qui ne peut comprendre et le garçon
déjà amoureux sans le savoir. »

236. Mise en scène
d'Andrea Breth, 1987.

cains actuels, mais un climat proche
de celui de Hawthorne et même de
Poe, et cela s'explique par l'époque
où se déroule l'histoire et par le
monde qu'elle met en cause, très
différent des nombreux autres livres
de l'auteur se passant en Amérique.

En janvier 1987, avec Robert de
Saint Jean, disparaît un des derniers
amis des années vingt-cinq. *« En
repensant à Robert à présent, je revois
notre jeunesse comme un pays. Le temps
uniformément beau, la joie au cœur en per-
manence. »* De tous ceux, plus ou
moins connus, écrivains, architectes,
peintres, religieux, hommes d'État
étrangers que Green a rencontrés,
ne reste personne ou presque. Si
l'on se rappelle qu'il a refusé toute
vie publique et si l'on ajoute à cela
ses rendez-vous manqués avec ceux
qui désiraient le voir, Freud en 1938
à Londres, de Gaulle à Washington,
Stravinski avant et après la guerre,
quand il voulait faire de *Sud* un
opéra, Green peut s'écrier avec
Goethe : *« En avant par-dessus les
tombes ! »*

Son théâtre redécouvert, en
Allemagne d'abord, c'est la reprise
le 20 février de *Sud* à Bochum, et
Sud redevient la pièce violente qu'elle était. La remarquable mise en
scène d'Andrea Breth reçoit le grand
Prix de l'année. Après les représentations de Berlin, d'autres suivront,
dans d'autres mises en scène, en
Allemagne notamment. *Les Pays lointains*, paru en avril, provoque éton-

nement et enthousiasme, ne serait-
ce que pour la fraîcheur de l'inspiration ; le rêve de jeunesse s'est
accompli. Traduit aussitôt, le livre
est un succès dans bien des pays.
Pour son œuvre entière d'ailleurs,
Green est avec Proust un des
auteurs du siècle les plus traduits
depuis 1925.

Songe-t-il à continuer son livre
jusqu'à la guerre de Sécession pendant un nouveau séjour prolongé en
Allemagne du Nord au cours du
printemps et de l'été ? Le début du
manuscrit des *Étoiles du Sud* est daté
de Berlin, il va y travailler tout 1988.
Le livre paraît en mai 1989.

Coup sur coup, Julien Green
apprend la mort de Dalí — cette
fois c'est bien le dernier des amis
d'avant-guerre en Europe — et, le
9 juin, celle de Benton, le Mark de
Terre lointaine. « *Le premier amour qui
marqua toute ma vie…* » Après Argyle
Linington, Jim, Archer, le dernier
témoin de son adolescence disparaît.
Depuis toujours, Green n'est assu-
jetti à rien, ni aux idées ni aux par-
tis. On lui reproche de vivre dans
une tour d'ivoire. À cela, il réplique :
« *À seize ans et demi sur le front en
Argonne, en 1942 sous l'uniforme américain contre les nazis, où est la tour
abstraite ? Et puis mes livres sont la preuve de mon intérêt pour le prochain. Qu'on
me fiche la paix avec les engagements !
Quant à mon éloignement de ceux qui
s'agitent sur la scène du monde, j'aime les
gens pour eux-mêmes, et non pour les*

Charlottesville,
le 15 avril 1990.

...lernès de Cabell Hall a
...aru et le drugstore de la
...orzième rue n'existe plus,
...o en fait ils sont encore
...nto grâce à vous.

...relis "Terre Lointaine"
...le Lawn, devant la
...bre 34, et cela me
...ne une émotion immense,
... de tristesse et de joie
...és.

...s avez sans doute déjà
...u mille cartes semblables
...Charlottesville, et celle-ci

ne vous semblera pas très
originale, mais je tenais
tout de même à vous remercier
un jour de tout ce que vous
m'avez donné par vos livres, et
l'occasion s'est enfin présentée
aujourd'hui, au cours de ce
petit voyage en Virginie, et
plus précisément à son Université,
dont je rêvais depuis longtemps
à cause de vous.

Merci, Monsieur Green.

Un simple lecteur...

---

titres et les fanfreluches dont ils se parent !» Voilà bien la difficulté de rendre visible une vie intérieure, une vie d'écrivain disparaissant derrière son œuvre pour sauvegarder son univers personnel.

En octobre 1989, après l'opération de la cataracte de l'œil droit, il retrouve l'intensité de sa vision. Quant à sa double vue, elle n'a pas changé : le mur de Berlin est fichu par terre en quelques heures, comme il l'avait prédit huit ans plus tôt. 1989 se termine sur ce changement du monde, à l'orée des dix dernières années du siècle. Par une de ces petites ironies de la vie, au

237. *« Lettre d'un inconnu. Souvent je reçois de belles lettres qui sont comme celle-ci un cadeau du destin, car elles m'encouragent. »* Lettre d'un inconnu à J. Green, 15 avril 1990.

MUSÉE GRANET
AIX-EN-PROVENCE

JULIEN GREEN
PHOTOGRAPHE
15 septembre-21 décembre 1990

238

*238. Affiche pour l'expo-
sition de photographies de
Julien Green qui ira à Perugia, Stockholm, Munich... et
à la FNAC à Paris en 1997.*

début de 1990, on joue à Francfort
Demain n'existe pas et le régime sovié-
tique s'effondre à son tour. L'année
entière est faite de bouleversements.

En août, son cousin préféré,
Fitzhugh Green, ami des Bush et
spécialiste du temps et de l'environ-
nement, lui demande de venir
s'installer à Newport, mais meurt le
5 septembre d'une crise cardiaque,
à la suite de la guerre du Golfe à
laquelle il était lui aussi hostile. Pour
son anniversaire, le 6 septembre,
paraît le sixième tome de la
« Pléiade » et le musée Granet d'Aix-

en-Provence ouvre une exposition :
Julien Green photographe — cent trente photos de 1914 à 1984.

Dans l'hiver, *Sud* est repris aux
Pays-Bas d'une manière résolument
moderne qui ravit l'auteur. Si
l'affiche fait scandale, ce qui est le
comble en Hollande, le metteur en
scène, Ivo van Hove, mérite tous les
éloges. Plus tard, une troupe de
jeunes Anglais monte la pièce à
Londres et Green retrouve son
drame tel qu'il l'a écrit dans sa
langue maternelle. Voici, à Bochum,
en Hollande, à Londres, trois vues

239. « *Une maison* habitée
comme celles que j'ai toujours
connues. » Dans la maison de
Manzoni, à Milan, avec
Giancarlo Vigorelli, conservateur du musée et écrivain.

240

différentes de *Sud*, toutes trois passionnées et passionnantes. *L'Automate* est créé par Thomas Stroux à Klagenfurt, Julien Green découvre dans cette ville des amitiés qui vont désormais compter pour lui, Mgr Mayristch, Herbert Wochinz. Comme il a manifesté le désir d'avoir un tombeau dans une église et qu'en France on a fait des difficultés pour accepter son fils, l'Autriche généreusement leur offre une chapelle dans la Stadtkirche de Klagenfurt. Les travaux sont aussitôt effectués. Le 3 février 1991, le Bühnen Schauspiel de Graz, en Styrie, monte *Demain n'existe pas*, puis le théâtre de Freiburg *L'Automate*. Peu à peu, chacune de ses pièces va être créée ou recréée d'un pays l'autre, sauf en France où

240. «*À l'ambassade des États-Unis avec l'ambassadeur Joe M. Rodgers, l'ambassadrice et Gilles Daziano, attaché culturel, à qui je viens de remettre un ruban. La fraternité américaine qu'on connaît si mal en Europe…*» De gauche à droite : Julien Green, l'ambassadeur Joe M. Rodgers, sa femme et Gilles Daziano.

241. Avec Thomas Stroux et Herbert Wochinz, le metteur en scène et le directeur du théâtre de Klagenfurt, en novembre 1990.

l'inexpérience de metteurs en scène
improvisés oblige deux fois à arrêter
les reprises de *Sud*.

Autre constante dans la vie de
Green, les œuvres oubliées ou lais-
sées de côté ressurgissent. La
traduction de Lord Dunsany, si
admiré par Lovecraft et Arthur
Machen, nous arrive de 1923, tirée
de son sommeil de papier, *Merveilles
et démons*. On comprend pourquoi
ces nouvelles ont captivé le jeune
Virginien : le rêve y envahit le réel
au point de faire disparaître celui-ci.

Le 18 mai 1991, le grand prix
Cavour de littérature lui est remis
à Turin. Sachant qu'il voulait quitter
la France, plusieurs cités italiennes
se proposent pour l'accueillir.
À Paris, de nouveaux livres paraissent régulièrement : défi à l'âge, en

« Sud *en Hollande, mise en scène de Ivo van Hove. La plus fascinante mise en scène de ma pièce, drôle, vivante et actuelle. J'eus aussi une expérience émouvante à Londres où les jeunes comédiens de l'École d'Art dramatique donnèrent* Sud *pour leur représentation de fin d'études.* »

novembre, *Ralph et la quatrième dimension* dévoile en partie le secret de son inspiration : Ralph est un visionnaire qui traverse les apparences. Une suite, plus explicite encore, *Ralph disparaît*, sera publiée dans la « Pléiade » VIII.

En novembre, à Munich, il assiste à *Demain n'existe pas*, au *Théâtre de la Residenz* : un tremblement de terre de Messine devenu allemand dans un décor californien... Le lendemain, au *Studio-Théâtre*, lecture de *Moïra* suivie d'un entretien du public avec l'auteur, ou plutôt d'un monologue où celui-ci explique l'influence majeure de l'inconscient et du subconscient dans sa vie, c'est-à-dire son œuvre, et décrit la projection d'images éidétiques au moment où il *voit* une pièce ou un roman. Qui écrit ? Interrogation personnelle depuis *Le Voyageur sur la terre*. En même temps, s'ouvre une exposition dans un « *des plus beaux musées du monde* », la Glyptothek. *Les Statues parlent*, cinquante photos de sculptures prises par Green depuis 1920. Parmi celles-ci, des raretés : les photos du *Faune Barberini* figurent dorénavant sur les murs de la salle au cœur de laquelle dort la statue. Pendant l'hiver, à Salzburg, le troisième volume des romans américains s'arrête après un chapitre. *Les Étoiles du Sud* se terminait par la victoire de Manassas : cette fois Green ne veut pas entrer plus avant dans la guerre, mais peu à peu l'histoire va s'imposer à lui.

242. Mise en scène de *Sud* par Ivo van Hove aux Pays-Bas.

243

244

1992. Parmi les papiers retrouvés de 1946, le petit carnet de moleskine noire où était racontée la débâcle de juin 40. *La Fin d'un monde* ne peut que déplaire à une France où la mentalité pétainiste est toujours forte, ne serait-ce que dans les cercles politiques. Green n'en a cure, car ce livre lui tient particulièrement à cœur.

C'est au tour de l'Italie de donner *Demain n'existe pas*, créé en février à Brescia. La pièce ira du nord au sud de la péninsule, de Trieste à l'Aquila. Près de Bergame, chez des amis

243. Représentation de *Demain n'existe pas* à Stuttgart. Les pièces de Green sont constamment jouées à l'étranger.

244. Demain n'existe pas à Munich.

italiens, Green termine sa sixième pièce, commencée en 1950, *L'Étudiant roux*, et, à Forlì, reçoit d'un jury prestigieux le grand prix du Théâtre ; l'accueil de la ville et du public est chaleureux comme on l'est en Romagne. Pour la seconde fois, il reprend *Dixie*, fidèle à sa façon d'approcher, puis de mettre de côté chaque roman, avant de ne plus s'en laisser distraire.

Quinzième volume du *Journal*, *L'Avenir n'est à personne* atteint l'année 1994. Ne serait-ce que par sa longueur, soixante-quinze années, le

245. «*Citoyen d'honneur de Milan. Les Italiens m'ont toujours accueilli à bras ouverts et c'est un titre auquel je tiens : n'était-ce pas le rêve de Stendhal ?*» Diplôme de citoyen d'honneur de la ville de Milan.

246. Attribution du Grand prix Diego Fabbri du Théâtre à l'université de Bologne-Forlì. Julien Green, Sauro Sedioli, maire de Forlì, Carlo Bo, recteur de l'Université d'Urbino.

247. « *Avec Franz-Olivier Giesbert. Son père était du Nord, et nous réconcilions sans cesse le Nord et le Sud.* »

Journal devient le plus important de tous les Journaux jamais publiés, d'autant qu'il est accompagné de la partie sauvée de 1919-1924, *On est si sérieux quand on a 19 ans.*

Maintenant, *Dixie* dévore tout son temps. *Dionysos*, poème en prose de 1923, est publié en mai en allemand, alors que l'édition française attendra décembre. Toute la dualité greenienne se trouve dans ces pages prémonitoires. « *À seize ans tout est joué* », disait Péguy. Pour Julien Green, c'est l'évidence. Il tient pour toujours de cet âge son enthousiasme et sa foi.

Italie, Autriche, Norvège, c'est le trio 1994. En juin, Milan le fait citoyen d'honneur, premier écrivain français depuis Stendhal à recevoir ce parchemin. Pendant l'été, au cœur de la Norvège, à Høvringen, où Sigrid Undset a écrit *Christine Lavransdatter*, Julien Green met le mot « fin » au manuscrit de *Dixie*, bien résolu cette fois à ne plus écrire de roman. Après le second Manassas, nouvelle victoire qui laisse deviner pourtant une guerre perdue, le livre se clôt sur une scène émouvante où les enfants écoutent au crépuscule la gouvernante leur parler de leur avenir. Juste après la parution du tome VII de la « Pléiade » regroupant les deux premiers tomes des romans américains, en novembre 1994, *Dixie* paraît enfin, qui termine le cycle du Sud : en tout plus de deux mille pages, en trois volumes commencés à quatre-vingt-quatre ans et achevés à quatre-vingt-quatorze, sans occulter les autres œuvres écrites en même temps. Chaque écrivain sudiste, de Mark Twain à Faulkner, a son Sud, tiré de ses rêves, de ses obsessions, de ses origines. Ne faisant pas exception à ces règles, le Sud de Julian Green se trouve déjà dans *Moïra*, *Le Voyageur sur la terre* et *Chaque homme dans sa nuit*. On peut dire que sa propre vie s'y recrée. Mais, dans la dernière trilogie, c'est l'histoire de sa famille qu'il a projetée dans le rêve héroïque de Dixieland, avec l'angoisse d'avoir perdu ce paradis ; en même temps reviennent ses propres hantises d'un monde inaccessible, le temps n'existe pas pour un créateur.

S'il garde le secret sur les œuvres qu'il entreprend ou qu'il reprend, comme la pièce abandonnée en 1981, *Le Grand soir*, il continue son Journal : soixante-dix-sept ans d'observation quotidienne, d'idées, de coups de cœur, tout ce que traverse la vie d'un homme libre. Seizième volume du *Journal*, *Pourquoi suis-je moi ?*, voit le jour en mai 1996. Comme tous les tomes précédents, celui-ci a son caractère particulier, Green s'y interroge plus encore sur la personne que l'on est et la raison de notre présence en ce monde à un moment donné.

En octobre 1996, soixante de ses photos (1913-1983) sont exposées à la FNAC d'abord à Nantes, puis à Paris jusqu'en janvier 1997, puis dans dix autres villes. Pour la petite histoire, il quitte l'Académie en novembre sans se soucier des règles qu'en rebelle à tous les conformismes il écarte de son chemin. Il reprend ainsi, loin de ce qu'on appelle des honneurs, la liberté qui a toujours été sienne. En octobre 1997, sur Arte, quatre heures de télévision sont consacrées à son Autobiographie et son Journal, un survol de tout un siècle avec pour seul interlocuteur lui-même, films réalisés de 1994 à 1996 par Philippe Alfonsi et Catherine Blanchard. Un nouveau volume du *Journal* s'annonce sous le titre plein d'espoir provocateur *En avant par-dessus les tombes*. Julien Green reste, non pas le solitaire, mais *l'homme à part*, tel qu'en lui-même au fond de son cœur chacun d'entre nous.

248. « 90 ans ! » Julien Green en 1990.

TABLE
DES ILLUSTRATIONS

Tous les documents et photos appartiennent à Julien Green et Jean-Éric Green, sauf copyright indiqué. Les documents de famille, photos prises par Julien Green et spécialement ses autoportraits, les photos prises par Jean-Éric Green ne peuvent en aucun cas être reproduits sauf autorisation des auteurs ou de l'éditeur.

D'autre part, des clichés personnels d'autoportraits pris chez lui ont été volés tandis que Julien Green se trouvait aux États-Unis pendant la guerre jusqu'en 1946, et personne d'autre que lui n'en possède les droits.

TABLE DES DOCUMENTS REPRODUITS EN NOIR ET BLANC

nia Department of Historic Resources, Richmond, Va.

17. Grande revue des corps de toutes armes réunis pour la défense de Paris, place de la Concorde. © *L'Illustration*/Sygma.

18. Note manuscrite du père de Julien Green, 1862. Photo Gallimard.

19. Le *Lawn* à l'époque du grand-père de Julien Green. Daguerréotype, 1860.

20. Maison natale de la mère de Julien Green, Anderson-Battersby House à Savannah. W. Jay architecte. Photo Julien Green, 1933.

21. Le *Cotton-Exchange*, par William Preston, architecte. Photo D.R.

22. Le père de Julien Green au collège d'Hampden-Sidney. Daguerréotype, 1868.

23. Mary Adelaïde Hartridge à seize ans. Photo Mora, Broadway.

24. Edward Green à Paris en 1871. Photo Touranchet et Neubauer, Paris.

25. Monmouth, fils naturel de Charles II. Gravure d'après un portrait de Wilhelm Wissing, peintre de la cour.

26. Bonnie Prince Charlie, le jeune Prétendant Charles Edouard Stuart. Portrait par Antonio David. Scottish National Portrait Gallery. Photo D.R.

27. Robert Charlton par Washington Allston. Huile sur toile. Coll. particulière.

28. *Poems* by Robert M. Charlton, page de titre. Boston, Otis, Broaders & Company, 1842.

29. Mary Marshall Charlton Hartridge, grand-mère maternelle de Julien Green. Photo Ryan, Savannah, 1880.

30. *Memorial Addresses on the Life and Character of Julian Hartridge*, grand-père maternel de Julien Green.

Washington, Government Printing Office, 1879.

31. William Hartridge, oncle maternel de Julien. Photo Launey and Goebel, Savannah, 1895.

32. Plan des Champneys Islands, Georgie, l'île que le père de Julien Green lui laissa pour seul héritage.

33. Edward M. Green, père de Julien. Photo Wilson and Havens, Savannah, 1882.

34. Mary Adelaïde Hartridge Green, mère de Julien. Daguerréotype, Savannah, 1882.

35. Page de « naissances » dans la Bible de famille. Photo Gallimard.

36. Mary Adelaïde, avec Anne, sœur de Julien. Photo Havens, Savannah, 1892.

37. Charles et Ned Green, frères de Julien. Photo Launey and Goebel, Savannah, 1889.

38. Eleanor Green, sœur de Julien. Photo Havens, Savannah, 1883.

39. Mary Green, sœur de Julien. Photo Launey and Goebel, Savannah, 1888.

40. Retta Green, sœur de Julien. Photo E. M. Green, Le Havre, 1898.

41. L'église protestante épiscopale Christ Church, boulevard Victor-Hugo. Fonds local, Ville de Neuilly-sur-Seine.

42. Julien avec Lucy dans la ferme du Père Suzé à Giverny, 1902. Photo E. M. G.

43. La *Villa Raynouard* à Auteuil. Photo F. F., 1902.

44. Julien au Cours Sainte-Cécile, 1904.

45. Emily Grigsby. Photo Mora, New York.

46. La duchessina Maria Hardouin de Galles, épouse de Gabriele D'Annunzio. Photo © Farabolafoto.

47. Tremblement de terre à San Fran-

cisco, 1906. Photo Brown Brothers.

48. L'annonce du naufrage du *Titanic*.
Photo *The New York Times*, 1912.

49. L'École militaire de Messine après
le tremblement de terre, 1908. *Berli-
ner Zeitung*, janvier 1909.

50. *La Veuve joyeuse* à Vienne. Photo
© Österreichisches Theatermuseum,
Wien.

51. Le « petit » Janson en 1906. Photo
L.V.

52. Julien, au deuxième rang au
centre ; photo de classe à Janson.
Photo P. Petit.

53. Pierre Arnaud, le premier copain
de Julien Green.

54. Illustrations pour Dickens. Dessins de Julien Green.

55. La fête chez les Green. Dessin de
Julien Green.

56. Edward M. Green à Brême, 1910.
Photo Pamplemitu.

57. Inondations de Paris en 1910.
Photo A. A .B.

58. Le lycée Janson-de-Sailly, rue de
la Pompe. Photo L.V.

59. Durieux, camarade de classe.
Photo P. Petit.

60. Maillart, camarade de classe.
Photo P. Petit.

61. Decloux, camarade de classe.
Photo P. Petit.

62-63. Julien Green à Janson, au troisième rang (troisième en partant de
la gauche). Photo P. Petit.

64. Dans le parc de la *Villa du Lac* :
Lucy, Patrick, le commandant de
La Charrière, Emilia, Julian, Anne.
Au premier plan, le chien Loûsta-
lou. Photo Retta Green.

65. *Villa du Lac*, Le Vésinet, 1914.
Photo Julien Green.

66. La pension *Les Charmettes*. Photo
Retta Green.

67. Ordre de mobilisation générale,
2 août 1914.

68. Dernière photo de la mère de
Julien Green. Photo Retta Green.

69. Illustration pour un conte de Poe.
Dessin de Julien Green.

70. *L'Ange de l'Apocalypse*. Aquarelle
de Julien Green.

71. *L'Enfer* de Dante, gravure de
Doré, traduction de Francis Cary.
Londres, Cassell and Co., 1868.
Photo Gallimard.

72. Julien Green à quinze ans. Photo
Retta Green.

73. Page de titre de *The Faith of Our
Fathers*, par le cardinal Gibbons.
Baltimore, John Murphy Company,
1876.

74. James, cardinal Gibbons, ici avec
Theodor Roosevelt, 1918. Coll. Miss
Knobloch. Photo D.R.

75*a-b*. Actes d'abjuration du père de
Julien Green et de Julien. Photos
Gallimard.

76. Le Révérend Père Crété. Photo
coll. particulière.

77. Edward et Julien Green, 1915.
Photo Retta Green.

78. La Chapelle du Saint-Sacrement,
1900.

79. Anne et Retta Green, à l'hôtel
Ritz, transformé en hôpital, 1916.
Photo Julien Green.

80. Julien Green devant son ambulance n° 127046 de l'American
Field Service, en juin 1917.

81. Clermont, 30 avril 1916.

82. Liste des engagés de l'American
Field Service. Photo *The New York
Times*.

83. Triaucourt en 1914. Photo Vail-
lant.

84. *L'Héritage*, de Maupassant ; petit
exemplaire de poche de Julien
Green. Photo Gallimard.

85. Deux soldats français près de
l'ambulance détruite de Julien
Green.

86. Le groupe des Américains sur le

front italien (Julien Green, marqué d'une croix.)

87. Julien Green avec un soldat italien et un camarade américain, James Madison Parmelee.

88. La *Villa Mira*, à Dolo.

89. Sur le front du Piave. Au centre, Julien Green.

90. Venise déserte. Photo Genova, Venezia, 1916.

91. Retta Green à la *Villa du Lac*, Le Vésinet, 1914. Photo Julien Green.

92. Lettre de remerciements de l'American Red Cross. Photo Gallimard.

93. La chambre de Julien Green, rue Cortambert. Dessin de Julien Green.

94. Patrick Joll et Julien Green à Gênes. Photo Kenneth Joll.

95. Julien Green, aspirant. Photo Studio américain de Rome, Corso Umberto, 1918.

96. Acte d'engagement de Julien Green à la Légion étrangère, 21 septembre 1918. Photo Gallimard.

97-98. Acte de renouvellement de la citoyenneté américaine de Julien Green et refus de la nationalité française, délivré par la mairie du XVIe arrondissement, 12 septembre 1918. Photos Gallimard.

99. Les Américains à l'École d'artillerie de Fontainebleau en octobre 1918.

100. Sarah Elliott à bord du *De Grasse*. Photo Julien Green.

101. Le *Narcisse*. Photo Museo Nazionale, Napoli, 1912.

102. Le campus de l'Université de Virginie, à Charlottesville. Photo Julien Green.

103. Cabell Hall, le corridor des statues de l'Université de Virginie. Photo coll. particulière, 1920.

104. La Bibliothèque de la Rotonde de l'Université de Virginie. Photo Department of Graphics, University of Virginia, 1920.

105. Autoportrait dans sa chambre en 1919. Photo Julien Green.

106. West Range Colonnade, Université de Virginie. Photo Julien Green.

107. La première chambre de Julien Green à Charlottesville. Photo Julien Green.

108. Autoportrait à Charlottesville en 1919. Photo Julien Green.

109. Maison de Miss Page en 1920. Photo Julien Green.

110. La vie des étudiants à l'Université, d'après leur revue *Corks and Curls*, 1895.

111. Miss Nelson Page en 1920. Photo Julien Green.

112. Julien Green à vingt ans. Photo Clindist Studio, Washington.

113. Benton et Joe Owen, à Richmond. Photo D.R.

114. Nathaniel Hawthorne par Charles Osgood. *By courtesy* of the Peabody Essex Museum, Salem, Mass.

115. Rudolph Valentino, par James Abbé, 1921. Coll. Washburn Gallery, New York, D.R.

116. Le *Lawn* en 1920. Photo Julien Green.

117. Maison de Walter Hartridge en 1920. Savannah. Photo Julien Green.

118. Le général Lee. Daguerréotype d'après le portrait de G. Louvrie au quartier général des Cadets à West-Point.

119. Kinlock. Photo Lucy Turner 1920.

120. Un cousin de Savannah, Andrew Low. Photo Jackson, Dewnan, Ga.

121. Les cousins De Witt Veeder et Mackall. Photo Veeder.

122. Autoportrait chez Miss Page 1921. Photo Julien Green.

123. Mr. Brown, esclave noir affranchi par le grand-père de Julien Green. Photo Julien Green, 1920.

124. « The Apprentice Psychiatrist »

The University of Virginia Magazine, 1920. Photo Gallimard.

125. John Calvin Metcalf. *By courtesy of* Alderman Library, Manuscripts and Print Department, University of Virginia Library.

126. Première page du manuscrit d'*Azraël*. Photo Gallimard.

127. Page manuscrite de la traduction d'un des contes de Lord Dunsany, 1922. Photo Gallimard.

128. Autoportrait. Dessin de Julien Green.

129. Dessin de Julien Green, juillet 1922.

130. Les bords de la Savannah. Photo Julien Green.

131. Ted Delano. Photo Julien Green, 1919.

132. Les salons et la bibliothèque rue Cortambert, Paris XVIᵉ, en 1922. Photo Julien Green.

133. Manuscrit du compte rendu du *Voyageur sur la terre* par Jean Cassou. Photo Gallimard.

134. Lord Byron. Portrait d'artiste inconnu. Coll. Benson. Photo D.R.

135. Page de couverture de la revue *Vita*, 1924. Photo Gallimard.

136. Première livraison du *Voyageur sur la terre*, *La N.R.F.*, 1ᵉʳ août 1926. Photo Gallimard.

137. Robert de Saint Jean. Dessin à l'encre de Julien Green.

138. Jacques Maritain, par Henri Martinie. D.R.

139. André Gide. Photo Stoisy Sternheim.

140. Fascicule publicitaire des Éditions Plon, illustré d'un dessin à l'encre de Christian Bérard © ADAGP, 1998.

141. Autoportrait, 1926. Photo Julien Green.

142. Manuscrit du compte rendu d'*Adrienne Mesurat* par François Mauriac. Photo Gallimard.

143. Couverture d'une édition russe d'*Adrienne Mesurat*. Leningrad, Isda Eli V Vrema, 1927. Photo Gallimard.

144. Autoportrait, rue Cortambert, en 1927. Photo Julien Green.

145. Prix Femina Vie Heureuse. Photo parue dans *The Queen*, 9 mai 1928.

146. Copie d'un télégramme adressé aux commerciaux des Éditions Harper, 1928.

147. Julien Green à Talloires où il écrit *Léviathan*. Photo S. J.

148. Julien Green en 1928. Photo Henri Manuel.

149*a*, *b*, *c*, *d*. Manuscrit de *Léviathan* et dessins de Julien Green.

150. La foule aux abords de Wall Street le jeudi noir du krach boursier. © *L'Illustration*/Sygma, 9 novembre 1929.

151. Lettre de Maeterlinck à J. Green, 3 avril 1929. Photo Gallimard.

152. Franz Hessel (« Le Jim de *Jules et Jim* »), traducteur de Julien Green. *By courtesy of* Stéphane Hessel.

153. La cousine de Kafka, traductrice de Julien Green.

154. Josef Florian (« le défenseur de Léon Bloy »), traducteur de Julien Green. Photo Josef Sudèk.

155. Vyvian Holland, le fils de Wilde, traducteur de Julien Green. *By courtesy of* Merlin Holland.

156. Lettre de Jouvet à J. Green, 28 décembre 1929. Photo Gallimard.

157. Julien Green en 1930. Photo Mahé.

158. Ski en Autriche à Innsbruck. Photo S. J.

159. Prix du Premier roman. De gauche à droite : Pourtalès, Maurois, Lacretelle, Robin « le lauréat », Julien Green, Bernanos et Le Grix. Photo parue dans *The New York Times* en avril 1932.

160. Julien Green dans le train de Salzbourg. Photo S. J.

161. *Épaves*. Annonce du livre dans *Bibliographie de la France* en avril 1932. Photo Gallimard.

162. *Les Clefs de la mort*. Éditions de la Pléiade/Schiffrin, 1927. Premier plat de couverture. Photo Gallimard.

163. Photo de passeport américain, vers 1931.

164. Manuscrit d'*Épaves*. Photo Gallimard.

165. Les accords de Munich. Photo Camera Press, Londres.

166. Double autoportrait. À l'arrière-plan, Bérard par lui-même. Photo Julien Green et Stoisy Sternheim © ADAGP, 1998.

167. Vue de New York prise à l'arrivée du *Champlain* en décembre 1933. Photo Julien Green.

168. L'Empire State Building. Photo Julien Green, décembre 1933.

169. Broadway la nuit. Photo Julien Green, décembre 1933.

170. Julien Green à Concord (Mass.) sur la tombe de Hawthorne. Photo J. B.

171. Diplôme d'élection à The Raven Society de l'Université de Virginie, 14 décembre 1933. Photo Gallimard.

172. Julien Green sur le campus de l'Université de Virginie. Photo B. O.

173. Avec Benton Owen, en Virginie. Photo J. Butler.

174. Partition du *IVe Nocturne* de Poulenc, inspiré du *Visionnaire*.

175. Manuscrit du *Visionnaire*. Photo Gallimard.

176. Julien Green. Photo Carl Van Vechten. D.R.

177. Lettre de Gide à J. Green sur *Le Visionnaire*, 28 juillet 1934.

178. Jury du prix d'Alsace-Lorraine. Étaient notamment présents : Giraudoux, Fargue, Porché, Green (tête baissée, au fond), Cain, Duhamel et Aymé. Photo *The New York Times*, 1937.

179. Manuscrit des *Pays lointains*, 20 octobre 1934. Photo Gallimard.

180. L'étude des mains de Julien Green dans *Studies in Hand-reading* par Dr Charlotte Wolff, préfacé par Aldous Huxley. Londres, Chatto & Windus, 1936.

181. Lettre de Max Jacob à J. Green, 8 mars 1936. Photo Gallimard.

182. Publicité américaine pour *Minuit* dans *The New York Herald Tribune*, 30 août 1936. Photo Gallimard.

183. Au Grand Hureau : Anne Green, Julien Green, Eleanor Green. Photo Tony Butts.

184. Julien Green et sa sœur Anne. Photo Hoyningen-Huene. D.R.

185-186. Dédicaces à Julien Green de l'*Essai de critique indirecte* de Jean Cocteau, 1932, et du *Freud* de Stefan Zweig, 1932. Photos Gallimard.

187. Au château de Monchy, chez la marquise de Lubersac. Photo A. G., 1936.

188. Julien Green et Alberto Arduini à Rome.

189. Annonce de la déclaration de guerre dans *The New York Times*, 3 septembre 1939.

190. L'un des articles de Julien Green pour *Vu* en 1940. Photo Gallimard.

191. À Bordeaux : L'Exode – Juin 1940, eau-forte de Charles Philippe. Photo Archives municipales de Bordeaux.

192. Stettinius, secrétaire d'État de Roosevelt. Photo D.R.

193. Les « exilés européens ». Extrait du *Time*, 14 juillet 1940.

194. Sur le paquebot *Exochorda* vers les États-Unis, 1940. Photo coll. particulière.

195. Manuscrit de *Varouna*, 24 juin 1938.

196. Scène de *Jacobowsky and I*. Photo I. P. S., août 1940.

197. Julien Green et Saint-John Perse au large de Suffolk. Photo J. B.

198. À Mills College, avec M.-E. Coindreau. Coll. particulière.

199. Julien Green, instructeur. Coll. particulière.

200. André Breton pendant la guerre. Photo D.R.

201. Pierre Lazareff à New York, pendant la guerre. Photo coll. Aimé Faurie / Yves Courrière.

202. Julien Green au micro de « La Voix de l'Amérique ». Photo D. J.

203. Annonce d'une lecture de Julien Green pour The Baltimore French Relief Commitee.

204. Lettre du professeur Metcalf à J. Green, 6 décembre 1942. Photo Gallimard.

205. Le débarquement allié en France. « Une » du *New York Times*, 6 juin 1944.

206. Certificate of Appreciation délivré à Julien Green pour son travail d'instructeur. State of Maryland. Photo Gallimard.

207. Lettre d'André Gide à J. Green, 26 mai 1946. Photo Gallimard.

208. Gertrude Stein. Photo D.R.

209. « Interprétations », étude de Mélanie Klein sur *Si j'étais vous* dans *Envie et gratitude*, Gallimard, 1968. Photo Gallimard.

210. Julien Green, Lise Deharme, Jean Cocteau et Max-Pol Fouchet. Photo Anne Green.

211. Manuscrit de *Moïra*. Photo Gallimard.

212. « Le visage de Méduse », article de R.-M. Albérès rapprochant Julien Green de Kafka. *Le Figaro littéraire*, 7 octobre 1950. Photo Gallimard.

213. *Moïra*. Premier plat de couverture du *paperback* américain. Ace Books, 1951. Photo Gallimard.

214. Éric Green, avec un merle sur la main. Photo coll. particulière.

215. Julien Green aux Thermes de Caracalla. Photo A. Arduini.

216. *Sud* : caricature de Sennep parue dans *Le Figaro*, en mars 1953 © ADAGP, 1998.

217. Affiche pour *Sud* à l'*Athénée*, mars 1953. Photo Gallimard.

218. Lettre d'Albert Camus à J. Green à propos de *Sud*, 30 mars 1953. Photo Gallimard.

219. *L'Ennemi*. Affiche des *Bouffes-Parisiens*, 1954. Photo Gallimard.

220. *L'Ombre*. Affiche du *Théâtre Antoine*, 1956.

221. Éric Green. Photo coll. particulière.

222. Dédicace de Jouhandeau à J. Green de la *Correspondance avec André Gide*, 5 février 1958. Photo Gallimard.

223. *Léviathan*, scène du film de Léonard Keigel avec Louis Jourdan et Lili Palmer (1962).

224. Affiche de *La Dame de pique*, film de Léonard Keigel, d'après l'adaptation de Julien Green et Éric Jourdan, 1965. Photo Gallimard.

225. Diplôme de membre de la société Phi Beta Kappa à l'Université de Virginie, 22 mars 1965.

226. Manuscrit inédit de *L'Autre*. Photo Gallimard.

227. Diplôme de membre de la Jefferson Society à l'Université de Virginie.

228. Chez François Mauriac. Photo Jeanne Mauriac, avec l'aimable autorisation de Jean Mauriac.

229. Rue de Varenne, façade de l'hôtel de Guébriant. Photo Julien Green.

230. Julien Green dans sa bibliothèque rue de Varenne. Photo Wurtz.

231. Illustration de Hans Fronius pour l'édition allemande de *La Nuit des fantômes*. Kurt Desch, 1975. Photo Gallimard.

232. Julien Green et Marcel Jullian, invités de Jacques Marchandise, P.-D.G. de Hachette. Photo D.R.

233. Manuscrit en partie inédit de *Frère François*. Photo Gallimard.

234. Julien et Éric Green à Bâle. Photo D. S.

235. *Les Pays lointains* et *Les Étoiles du Sud*, édition sous étui, Seuil, 1989. Photo Gallimard.

236. Mise en scène de *Sud* par Andrea Breth à Bochum, 1987. Photo Lefebvre, D.R.

237. Lettre d'un inconnu à J. Green, 15 avril 1990.

238. Affiche pour l'exposition de photographies de Julien Green qui ira à Perugia, Stockholm, Munich et à la FNAC à Paris en 1997. Photo Gallimard.

239. Dans la maison de Manzoni, à Milan, avec Giancarlo Vigorelli, conservateur du musée et écrivain. Photo D.R.

240. À l'ambassade des États-Unis. De gauche à droite : Julien Green, l'ambassadeur Joe M. Rodgers, sa femme et Gilles Daziano. Photo *by courtesy of* André Chaptel.

241. Avec Thomas Stroux et Herbert Wochinz, le metteur en scène et le directeur du théâtre de Klagenfurt, en novembre 1990. Photo Unipress.

242. Mise en scène de *Sud* par Ivo van Hove aux Pays-Bas. Photo Keoon. D.R.

243. Représentation de *Demain n'existe pas* à Stuttgart en 1995. Photo Fröhlich. D.R.

244. Représentation de *Demain n'existe pas* à Munich en 1991. Photo W. Hösl. D.R.

245. Diplôme de citoyen d'honneur de la ville de Milan. Photo Gallimard.

246. Attribution du Grand prix Diego Fabbri du Théâtre à l'université de Bologne-Forli. Julien Green, Sauro Sedioli, maire de Forli, Carlo Bo, recteur de l'Université d'Urbino. Photo D.R.

247. Julien Green et Franz-Olivier Giesbert. Photo Ceccarini.

248. Julien Green en 1990. Photo Denis Coutagne.

TABLE DES DOCUMENTS REPRODUITS EN COULEURS

7. Lettre de Josiah Green à son fils Charles, 29 mai 1836. Photo Gallimard.

8. Le Cimetière Colonial à Savannah.

9. Liverpool dans les années 1870 par Atkinson Grimshaw. Coll. particulière.

10. Lucy Hunton Green. Miniature en couleurs.

11. Charles Green (1809-1881) en 1880. Photo Busey, Baltimore.

12. Église de Greenwich, Fauquier County, Va.

13. Edgar Degas, *Bureau de coton à La Nouvelle-Orléans*. Musée des Beaux-Arts de Pau. Photo Jean-Christophe Poumeyrol.

14. Thomas Hunton, arrière-grand-père de Julien Green, par Charles Wilson Peale. Photo D. J.

15. Armoiries des Hartridge. Aquarelle d'Olivier Amiot d'après un document ancien. Photo Gallimard.

16. *Les Porteurs de mauvaises nouvelles*. Huile de Lecomte du Noüy ; et envoi de l'artiste à S. E. Hamdy Bey.

17. Willy Stöwer, *Le Naufrage du* Titanic, 1912. Photo Bildarchiv Preussischer Kulturbesitz.

18. Julien Green par F. Bouisseren, son professeur de dessin. Photo D. J.

19. Généalogie directe. Aquarelle d'Olivier Amiot d'après une généalogie complète. Photo Gallimard.

20. Trois des blasons de la famille de Julian Green. Aquarelles d'Olivier Amiot d'après un document ancien. Photo Gallimard.

21. Exemplaire personnel de Julien Green de *The Tragedy of Romeo and Juliet*, de William Shakespeare, avec ex-libris de 1919. Pages de garde et de titre. Photo Gallimard.

22. Illustration d'Alexeieff pour *Adrienne Mesurat*.

23. Ex-libris de Julien Green, 1919. Photo Gallimard.

24. Fauteuil dessiné par Julien Green. Photo Gallimard.

25. Manuscrit de *The Apprentice Psychiatrist*. Photo Gallimard.

26. Manuscrit du *Pamphlet contre les Catholiques de France*. Photo Gallimard.

27. « Pamphlet contre les Catholiques de France » publié par Julien Green, sous le pseudonyme de Théophile Delaporte dans *La Revue des pamphlétaires*, n° 1, 15 octobre 1924. Photo Gallimard.

28. Jaquette de l'édition anglaise de *Mont-Cinère*. Ernest Benn, 1928. Photo Gallimard.

29. Bois en couleurs de René Ben Sussan pour l'édition originale américaine de *The Pilgrim on the Earth*. The Blackamore Press, 1929. Photo Gallimard.

30. Premier plat de couverture de l'édition allemande du *Voyageur sur la terre*. Wien-Berlin, Thomas Morus, 1932. Photo Gallimard.

31. Page de couverture de *The Virginia Quarterly Review*, avril 1929. Photo Gallimard.

32. Harper Prize Novel 1929 pour *The Dark Journey*. Photo Gallimard.

33. Premier plat de couverture d'une édition brésilienne de *Léviathan*. São Paulo, Instituto Progresso Editorial, 1948.

34. Jaquette de l'édition allemande de *Minuit*. Bermann-Fischer, 1936. Photo Gallimard.

35. Tableau de Courbet. Photo *Galerie Druet*, juin 1930.

36. Affiche pour *Le Visionnaire*. Plon, 1934. Photo Gallimard.

37. Portrait de Julien Green, par Christian Bérard © ADAGP, 1998.

38. Premier plat de couverture de *Personal Record 1928-1939*. Harper & Brothers, 1939. Photo Gallimard.

39. Premier plat de couverture de *Memories of Happy Days*. Harper & Brothers, 1942. Photo Gallimard.

40. Premier plat de couverture de Charles Péguy, *The Mystery of the Charity of Joan of Arc*, traduction de Julian Green. Pantheon Books, 1949. Photo Gallimard.

41. « To all Frenchmen... », version anglaise de l'appel du général de Gaulle. Photo Gallimard.

42. *L'Honneur d'être français*, de Julien Green. Tiré à part. *Pour la Victoire*, 7 avril 1943.

43. Autoportrait, rue de Varenne. Photo Julien Green.

44. Poucet, chat de Julien Green. Photo Julien Green.

45. L'une des huit aquarelles inédites de Christian Bérard pour l'édition de *Si j'étais vous* en tirage limité, 1947 © ADAGP, 1998.

46. Tapisserie à la licorne de Julien Green. Photo Gallimard.

47. Julien Green au conservatoire des Arts et métiers. Photo Éric Green.

48. *Le Faune Barberini* à la Glyptothek de Munich. Photo Julien Green.

49. Affiche pour *La Dame de pique*, film de Léonard Keigel, 1965.

50. Premier plat de couverture de *Jeunesse*. « Le Livre de poche », 1979. Photo Éric Green.

51. Premier plat de couverture pour *Le Malfaiteur* dans le « Le Livre de poche », 1979.

52. Premier plat de couverture, reprenant une photographie de Julien Green lui-même, pour une édition espagnole de *Chaque*

homme dans sa nuit. Plaza e Janes, 1961.

53. Julien Green et Éric Green à Persépolis. Photo Berzeviczy von Pallavicini.

54. *Une Grande amitié*, correspondance Julien Green — Jacques Maritain. Gallimard, collection « Idées », 1982.

55. Julien Green avec Catherine Blanchard à Dijon devant l'*Hôtel du Chapeau rouge*, novembre 1983. Photo Éric Green.

56. Julien Green avec Madame Walter Nigg près de Zurich, septembre 1980. Photo Éric Green.

57. Julien Green avec Ghislain de Diesbach rue Vaneau, septembre 1982. Photo Éric Green.

58. Premier plat de couverture pour *Le Langage et son double*. Seuil, « Points », 1987.

59. Affiche pour une représentation allemande de *L'Automate*, première mondiale au Stadttheater de Klagenfurt.

60. Premier plat de couverture de *Gourmelin* pour une édition en tirage limité de *L'Apprenti psychiatre*. « Le Livre de poche », Noël 1976.

61. Affiche pour les représentations de *Sud* aux Pays-Bas, 1979. Photo Gallimard.

62. Julien Green, en 1986 à Berlin, au Brücke-Museum. Photo Éric Green.

63. Julien Green sortant de la cathédrale d'Assise. Photo Éric Green.

64. Julien Green en 1985. Photo Éric Green.

65. Premier plat de couverture pour l'édition illustrée de *Frère François*. Seuil, 1991.

66. Porte du jardin des Franciscains, à Assise. Photo Julien Green.

67. Julien Green au *San Francesco* de Grenade en 1979. Photo Éric Green.

INDEX

DES NOMS DE PERSONNES

Les chiffres renvoient aux pages
(en romain pour le texte, en italique pour les légendes).

Ce trente-septième *Album* de la Pléiade
a été mis en pages par Isabelle Flamigni.
La photocomposition des textes a été réalisée
par Interligne, à Liège.
La photogravure a été réalisée par Bussière Arts Graphiques.
Il a été achevé d'imprimer le 25 mars 1998
sur les presses de l'Imprimerie Jombart à Évreux
et tiré sur chromomat club 115 grammes
des Papeteries Arjomari-Prioux.

La reliure a été exécutée par Babouot à Lagny,
en pleine peau dorée à l'or fin 23 carats.

N° d'édition : 81083 ; dépôt légal : mars 1998.
N° d'imprimeur : 3581
Imprimé en France.

ISBN : 2-07-011553-4